BERNDT SCHULZ

RICHARD GERE

Ein Gigolo und Gentleman

BASTEI LÜBBE

BASTEI-LÜBBE-TASCHENBUCH
Band 61 212

Originalausgabe

Printed in Germany, Oktober 1991
Einbandgestaltung: Roberto Patelli, Köln
Titelbild: Alpha, London (C. Quirks)
Satz: Fotosatz Froitzheim, Bonn
Druck und Bindung: Clausen & Bosse, Leck
ISBN 3-404-61212-2

Inhalt

Außen hart, innen zart – Richard Gere und die männlichen Sexsymbole des Kinos

Es hat sie im nordamerikanischen und sonstigen Kino immer gegeben: die Liebhaber und Gentlemen, die Machos mit dem gewissen, erotischen Etwas. Richard Gere ist nur eine Ausprägung dieser Leinwand-Spezies. Allerdings eine ganz besondere. Besonders sensibel, besonders attraktiv, besonders verführerisch.
Ein Macho von der Sorte, die man als solche gar nicht bezeichnen möchte. Aber ein Macho. Von »Atemlos« bis »Pretty Woman« tritt der Schauspieler und Star mit der hypnotischen Ausstrahlung und der Aura eines zeitgenössischen Sexsymbols dafür den Beweis an.
Gere ist heute einer der ersten Paschas in einer neuen Männerbewegung, die von der Leinwand herab zum Zuschauer – und besonders zum weiblichen – spricht. In einer leidenschaftlichen, zärtlichen und besitzergreifenden Sprache, die Frauen schnell verstehen.
Hypersensibel und cool seine Haltung, attraktiv sein Aussehen, wenn es sein muß, butterzart oder auch knochenhart. Ein Mann für die gewisse Stunde, in der im Kino die Lichter ausgehn.

Männerwunder aus Hollywood, die den weiblichen Hormonspiegel steil ansteigen lassen, sind wieder in. Nach den Muskelprotzen und Schlagetots, den Abräumern, Killern und Kommandounternehmern, ist wieder Gefühl gefragt. Jede Frau möchte einen Mann wie Richard Gere, und sei es nur für die Dauer des Filmbesuchs. Etwa nicht?

Richard Gere ist schon fünfzehn Jahre im Filmgeschäft, aber kein Mann von gestern. Er ist ganz heutig, sogar ein Mann für morgen. Ein Kino-Lover, wie er im Buch steht. Und das heißt: Ein Mann mit Star-Power, der die zeitgenössischen Themen der Schönheit und der Liebe identifikationsträchtig spielen kann.

Das sieht man schon auf den ersten Blick. Auf den zweiten wird's noch eindrucksvoller. Wenn er sein jeweiliges Gegenüber lange aus schokoladenbraunen Augen ansieht oder es bzw. sie sogar anfaßt, dann seufzt das Parkett. Das macht der Gere-Appeal.

Die Frauenbewegung konnte diesem sensitiven Macho-Mann nichts anhaben. Seine Figuren der Leinwand, die Jesses, Julians, Zacks, Eddies, Dennis' oder Edwards betragen sich zwar wie landläufige Machos, besitzen jedoch offensichtlich den Softie-Touch. Die Geschlechterannäherung des letzten Jahrzehnts tut ein übriges, um dieses männliche Sexidol mit seiner erotischen Ausstrahlung zu goutieren. Macho-Allüren machen diesen Mann nur noch exotischer, der von Haus aus eigentlich der nette, sensible Junge von nebenan ist.

Solange Richard Gere auf der Leinwand seine sensible Sinn- und Seelensuche betreibt und die Frauen rücksichtsvoll, zuvorkommend und zärtlich berührt, akzeptieren auch hartgesottene Feministinnen sein cooles Gehabe. Denn alles, was für ihn wirklich zu zählen scheint, ist menschliche Nähe und Vertrauen. Da kann keine Frau – und wohl auch kein Mann – widerstehn.

»Mr. Nice Guy«, der keine besonderen Tricks braucht, um Frauen zu erorbern – gab es den schon in der Filmgeschichte? Es gab ihn. Und nicht zu knapp. Aber keiner war wie Gere.

Im frühen Film der 20er Jahre fing's schon an.

Als Kehrseite des veränderten Frauenbildes in den »Roaring Twenties«, als die Frauen begannen, sich selbst zu entdecken, kreierte das Kino den Typ des romantischen Liebhabers, ein Mannsbild nach Ebenmaß, das die Frauen ernstnahm, das ihre zärtlichen und sinnlichen Bedürfnisse zufriedenstellte. Dieser Typ, oft im Körperdesign des exotischen Latin Lovers, war ein Schock für Pantoffelhelden, Spießer und Spaßvögel, die mit Erotik nichts Ernsthaftes anzufangen wußten.

Im Jahre 1921 erschien auf der Leinwand ein Eintänzer aus sizilianischem Kleinadel und prägte damit das neue Männerideal für das nächste Jahrzehnt. Er hieß Rudolph Valentino, war schön gewachsen, stolz, voll südländischem Feuer und wurde zum männlichen Traumbild der Zeit. Man hatte ihn eine Weile in Nebenrollen als Schurken und Gigolo abgestellt, doch sein spontaner Aufstieg von dem Moment an, als die Frauen ihn sahen, ließ sich nicht aufhalten.

Was diesen Tangotänzer besonders anziehend machte, waren seine levantinische Erscheinung und sein absolut unamerikanisches Image. Er ließ den selbstgefälligen Cowboy-Mann, der Frauen wie Trophäen vorzeigt und seinen Rasenmäher im Grunde mehr liebt als seine Gefährtin, vergessen. Valentino wurde zu einem Ideal stilisiert, zu einer Metapher des erotischen Traums; er war das männliche Pendant zu den weiblichen Vamps, die mit unverhüllter Erotik lockten.

Nachdem Valentino 1926 allzuschnell verschieden war, blieb ein Star namens Ramon Novarro zurück, um das verwaiste Erbe zu bewahren. Er trat zunächst als Valentino-Kopie in Erscheinung, verlieh jedoch in der Folgezeit dem romantischen Liebhaber härtere Konturen.

Eine Art fiebernder Hamlet des klassischen Theaters, kam mit John Barrymore auf die Leinwand und hüllte sich dort umgehend in die Kostüme des Mantel-und-Degen-Genres. Er wurde zum romantisch-tragischen Liebhaber der Garbo in »Grand Hotel« (1932) und bewies in weiteren Filmen Überlegenheit und Eleganz; als geistreicher Held und erotisches Idol glänzte er in den 30er Jahren in grimmigen Komödien.

Im Gegensatz zu den Latin Lovers wurde John Gilbert der elegante Liebhaber, der seine Leidenschaften stets unter Kontrolle hielt, aber als romantischer Held das Mysteriöse und »Ewig-Weibliche« im Wesen seiner Partnerinnen zu ergründen suchte.

Eine andere, noch sehr viel stärker autoritäre Variante des Leinwand-Liebhabers, lieferte der charmante Robert Taylor, wegen seiner statuarischen Schönheit Schwarm des weiblichen Publikums, der seine romantischen Rollen in Western und Kostümfilmen mit dem Flair des Fremden anreicherte. Taylor erschien bevorzugt in Rollen, die ihn als männlichen Liebesgott spezialisierten.

Die Typologie der eindringlichen Sexidole setzt sich fort, Hollywood machte es möglich:

Gary Cooper, der Cowboy im Frack, der weibliche Superstars wie Marlene Dietrich im Sturm nahm; Errol Flynn, der Herr der sieben Meere und vieler Frauenherzen, in Piratenfilmen und Gesellschaftsdramen ebenfalls der Macho vom Dienst, der mit seinem männlichen Charme ebenso beeindruckte, wie mit seiner jungenhaften Dreistigkeit im Umgang mit Feinden aller Art, gegen die er Intelligenz, Humor und körperliche Gewandtheit aufbieten konnte. Oder Clark Gable, ein Leinwand-König ohne Krone, der das unwiderstehliche Lachen zu einer Kunstform erhob – das waren weitere Liebhaber und Machos des Kinos in den 20er und 30er Jahren dieses kinoverrückten Jahrhunderts.

Sie alle bauten das Bild des Leinwand-Liebhabers, das heute im Kino »en vogue« ist. Ohne diese Vorbilder, zu denen sich Richard Gere bewußt bekennt, wäre der

Star von heute gar nicht denkbar. Er wäre ein Liebhaber ohne Geschichte. Die anderen bereiteten seinen Weg.
Die großen Liebhaber des Kinos reüssierten immer in einer Mischung aus hartem Macker, der die Frauen packt, und dem Lover mit verfeinerter Kultur, der oft als Gegenspieler amerikanischer Pioniernaturen auftrat. Je nach Geschmack der Epoche, neigten die Helden mehr zur einen oder zur anderen Seite.
Es ist interessant zu beobachten, wie heute, zu Beginn der 90er Jahre wieder ein männliches Sexsymbol die Leinwand erobert, dessen Züge sich mit sexy, sinnlich, attraktiv, frech und eroberungstüchtig beschreiben lassen. Die Männer sind gewaltig im Kommen.
Vorbilder für das Ideal des einzigen, des wirklichen und »richtigen« Mannes lieferte die Filmgeschichte genug. Ob sie das gleiche Format hatten wie es ein Star vom Schlage eines Richard Gere aufbieten kann, das entscheidet allein der Zuschauer. Zumindest in seinen Filmen Anfang der 80er Jahre, fügte er dem Zelluloid-Lover eine entscheidende Nuance hinzu: den unverschämten, hedonistischen Sex. Er zeigte die paar entscheidenden Zentimeter erigierter Männlichkeit, die das wirkliche Sexidol in den Kriegswirren der Rocky-und-Rambo-Ära ausmachen.
Weitere Kandidaten für eine filmgeschichtlich orientierte Hitliste des hartzarten Machomanns wären:
Humphrey Bogart, ein Held, trotz der vielfach gebrochenen Rollen, die er spielte; ein ganzer Kerl, mit einem

Herzen aus Glas und einem Kinn aus Granit. Cary Grant, der Gentleman als Komödiant, der Frauenherzen knickte und sich mit einem ironischen Lächeln davonmachte. Tyrone Power, ein besonders ausgekochter Freibeuter des Herzens, Hollywoods schönster Mann der 40er Jahre. Gérard Philippe aus Frankreich, der den Teufel im Leib hatte und mit seiner Mixtur aus Schüchternheit und erotischer Siegeslaune die Frauen schier verrückt machte. Marlon Brando, der Wilde der 50er Jahre, ein Rebell ohne Ziel, ebenso wie James Dean oder Montgomery Clift – Macho-Stars mit einer besonders zerbrechlichen Seele. Oder Gregory Peck, der aufrechte Amerikaner, der mit seinem Biedermann-Sex die Frauen unter die Haube brachte – und wenn das nicht klappte, entführte er sie in atemberaubenden Tour de Force-Auftritten in sein Land der Liebesabenteuer.

Stars, Stars, Stars. Und alle waren sie nur dazu da, Richard Gere auf den richtigen Weg zu bringen? Natürlich nicht. Sie dachten gar nicht an ihn – aber sie führten zu ihm hin, ob sie wollten oder nicht. Gere nahm es dankend zur Kenntnis.

Allerdings: Wie bei Richard Gere, gab es auch in der Filmgeschichte immer männliche Stars, die dem Verfahren, eine einmal getroffene Typisierung endlos auszubeuten, entgehen wollten. Wie Gere lehnten sie es ab, als Schauspieler im zwar glamourösen aber einseitigen Klischee stillzustehen.

Ein Mann wie Sean Connery steht dafür. Oder auch –

allerdings im negativen Sinne – Leinwand-Liebhaber wie Omar Sharif oder Dean Martin. Andere Gestalten mit dem Nimbus von Sexsymbolen des neueren Kinos versuchten, ihre Manierismen und ihre Inspiration in die Filmarbeit mit einzubringen. Sie überführten ihr privates Ego derart in die Rollen, daß ihren Leinwandfiguren etwas Doppelbödiges und Distanziertes anhaftete. Darsteller wie Keith Carradine oder Elliot Gould gehören dazu ebenso wie Ryan O'Neal, Al Pacino, Robert DeNiro, Richard Dreyfuss oder Jeff Bridges.

Die großen Leinwand-Liebhaber seit den 60er Jahren sind als Darsteller angetreten, die das reine Genre des Liebesfilms hinter sich gelassen haben. Wer Stars wie Paul Newman, den Unbeugsamen, Jean-Paul Belmondo, den Draufgänger bei Frauen und Action gleichermaßen, Alain Delon, den eiskalten Engel, Steve McQueen als Humphrey-Bogart-Junior, Jack Nicholson, Hollywoods geilsten Scharfmacher, oder Robert Redford, den aufrechten Lover, gesehen hat, wird die Wandlungen des Films und seiner großen erotischen Idole seit Valentino zu würdigen wissen.

Heute sind die Dämme längst gebrochen. Bei genauerem Hinsehen zeigt sich, daß die neuen, identifikationsträchtigen männlichen Stars sämtlich vom Prototyp des Liebhabers sind – Sexidole eben. Anders kommt man beim Publikum der 90er Jahre nicht an. Wer den Umweg nahm – wie Arnie Schwarzenegger mit seinem tönernen Charme eines Alpen-Rambos – kommt inzwischen, langsam aber sicher, zur Vernunft

und küßt die Frauen. Bei Van Damme dauert es halt etwas länger.
Aber die anderen, welche Ausflüge in welche Genres sie auch immer unternehmen, definieren sich letztendlich als erotische Stars, als Sexsymbole eines neuen Kassenkinos, das die gepflegte Beziehungskiste auf die Leinwand bringt.
Oder nicht?
Schauen wir sie uns an: Tom Cruise, Hollywoods nettester Frauenvernascher, der Teenie-Schwarm mit der aufregenden Körpersprache. Timothy Dalton, der elegante Shakespeare-Darsteller mit dem Superman-Flair, der sein männliches Image durch ein kultiviertes Grübchen am Kinn unterstreicht, das eine Spur von zartester Empfindsamkeit hinter der makellosen Erscheinung ahnen läßt.
Oder Gérard Depardieu, die Macho-Gestalt des neuen europäischen Kinos, der sich seine Wut nur deshalb aus dem Leib prügelt oder spielt, weil er das Bild des ewigen französischen Liebhabers an die neue Zeit anpassen will – ein Loulou, der wie Danton auftritt. Matt Dillon, eines der schönsten Idole Hollywoods, mit einem Hang zum Exorzismus und zu James Dean. Emilio Estevez, der Junge mit den erschreckten Augen und dem wissenden Blick, mit dem er als echter Vertreter der New-Wave-Männer die Frauen becirct. Harrison Ford, der alle Rollen des neuen Kinotraums spielt, wenn sie nur mit Gefahr, Geheimnis und unerklärlichen Ritualen verbunden sind und der damit eigentlich den

Eros meint. William Hurt, ein blonder junger Mann mit dem sensibelsten Mund des neuen Kinos, der den Macho der Leinwand als aufgeklärten Typ verkörpert, ein Kerl, dessen Machismo gebrochen scheint, ohne daß er dadurch seine Virilität eingebüßt hätte.
Oder nehmen wir Dennis Quaid. Einer der erotischsten und frechsten Polizisten und Nachtvögel des New-Hollywood, ein Bruder Leichtfuß, wie er im Buch steht, big und easy zugleich – ein Frauenheld. Genauso wie Kevin Kostner, Hollywoods großer und genialischer »Unberührbarer«, aber als solcher erste Sahne, ein Draufgänger-Liebhaber, bei dem die Fetzen fliegen. Mickey Rourke mit dem Charme eines Wolfes, der aus dem Halbweltmilieu kommt und es weiter an seinen Stiefeln durch die Salons der Damenwelt schleppt. Patrick Swayze, der Dirty Dancer, als Lover und Eintänzer der Superstar mehrerer Generationen. Er verbindet das knallharte Mambo-Gehabe mit den sanftesten Seiten, ein Idol, dessen Ausflüge in die Schauspielerei nichts daran ändern konnten, daß ihn die weiblichen Filmliebhaber im Bett sehen wollen: Lover come back!
Oder Christopher Lambert, das Sex-Idol mit dem Silberblick, der als halbnackter Tarzan begann und als geile Mixtur aus kleinem Prinzen und Mad Max weitermacht.
Sämtliche Stars von heute verkörpern letzten Endes die Liebe und ihre Spielarten. Wer sich nicht erotisch aufreizend vor der Kamera bewegen kann, ist out in den Augen der Kids, die genug Alf gesehen haben.

Das absolute Gebot der Schönheit spielt allerdings im heutigen Kino nicht mehr die dominierende Rolle. Diese wichtigste Vorbedingung für die Idealisierungen in früheren Kinoepochen ist einer Schönheitsvorstellung gewichen, die auch den Charakter der betreffenden Person ins Kalkül zieht.
Wenn auch die Stars von heute die Rollen der Liebe nach wie vor glaubhaft verkörpern müssen, um überhaupt auf den Hitlisten zu erscheinen, ist doch ihre Jugend und Schönheit nicht das Entscheidende. Zwar beklagt man, daß besonders die Stars jenseits der Fünfzig nicht mehr die Rollen bekommen, die sie spielen könnten, aber es ist nicht mehr undenkbar, das Altern, diesen realen Vorgang außerhalb des Glamours, vorzuzeigen. Leinwandimage und Privatexistenz nähern sich auf einer mittleren Ebene, wie der Star und das relevante Thema sich heutzutage ergänzen.
Insgesamt zeigt sich, daß die männlichen Superstars von heute nicht mehr die vom Mythos umwitterten überlebensgroßen Gestalten sind, die unentbehrlichen Lockvögel für ein kinosüchtiges Publikum. Aber das Kino ist ohne diese Stars nicht denkbar. Die modernen Sexsymbole faszinieren durch ihre Fähigkeit, Ängste, Sehnsüchte und Kämpfe des Zuschauers auszudrücken und diese durch ihre herausgehobene, sinnliche und emanzipierte Erscheinung zu adeln.
Richard Gere steht dabei sozusagen in vorderster Reihe. Und das ganz bewußt. Denn er ist kein Pin-up-Star, dessen Privatmeinung nicht interessiert. Ein

Schauspieler wie er, dessen erotische Ausstrahlung enorm ist, interessiert die Menschen besonders dann, wenn er sich für gesellschaftliche Probleme einsetzt.
Bei Gere, diesem Sexsymbol auch für Zuschauer, die ihren Kopf regelmäßig benutzen, ist das der Fall. Sein Engagement für die Freiheit Tibets, für Flüchtlinge aus den krisengeschüttelten Gebieten Mittelamerikas, für die Religionsfreiheit aller Menschen, verstärkt die Sympathie, die man für diesen Schauspieler empfindet.
Außerdem bringt er es fertig, sogar noch politisches Handeln zu erotisieren, was heißen könnte, daß Kopf und Bauch nicht mehr getrennt zu den Problemen der Welt Stellung beziehen müssen.
Das ist die neue Qualität dieses atemlosen Machos, Gentlemans, Gigolos und Mannes für gewisse Stunden mit dem besonderen erotischen Flair. Er vereint die Extreme.
In Richard Gere kulminieren die Liebhaber der Filmgeschichte – unbewußt und ungewollt – zu einer Figur auf der Höhe unserer Zeit.
Ein Pretty Man mit Star Power, der sich den heutigen Problemen stellt.

Pretty Man – Vom Sexsymbol zum Schauspieler und zurück

Man hat Richard Gere Hollywoods Gigolo genannt oder auch den Mann für gewisse Stunden. Dieser, an seine Filme angelehnten, Typologisierung folgten Bezeichnungen wie: Marlon Brando der 80er Jahre, Seelensucher seines inneren Selbst oder auch schlicht und einfach Gere-Superstar. Der Star aus Hollywood ist mehr und auch weniger zugleich. Er ist er selbst. Richard Gere, Schauspieler.

Doch halt, auch das stimmt schon wieder nur zum Teil. Richard Gere ist mehr als ein Schauspieler, er hat auch den Status des Stars. Und das heißt, er weiß ganz genau, wie sein Medien-Image zu verkaufen ist. Im sportlichen Kampf um die Gunst des Publikums zählen das Gesicht und der Körper des Akteurs, und in beiden Fällen weiß Richard Gere (der Name spricht sich übrigens – so will es der Star selbst – »Gier«, nicht Dschier oder gar Dschierie), wie er seine Schokoladenseite zu präsentieren hat.

Sein Gesicht weckt Vertrauen. Seine braunen Augen schauen verträumt und schüchtern. Sein Mund ver-

spricht vieles. Und wenn dieser Mann geht, unnachahmlich aus der Hüfte heraus, dann schmelzen die weiblichen Fans dahin – und auch schon mal die männlichen.
Richard Gere zeigt sich immer von seiner besten Seite. Denn er ist nicht nur verführerisch, attraktiv und talentiert, sondern auch ehrgeizig. Er überläßt seine Karriere nicht dem Zufall, er hilft nach und weiß mit seinen Pfunden zu wuchern.
Als Schauspieler ist er darüber hinaus äußerst vielseitig. Er hat extreme Rollen verkörpert. Er spielte den amerikanischen GI Matt in »Yanks«, den italienischen Prolo Stony in »Heißes Blut« und den eiskalten, kriminellen Bullen Dennis Peck in »Internal Affairs«. Rollen, die in ihrer unterschiedlichen, charakterlichen Ausformung und damit in der Notwendigkeit, sie angemessen zu verkörpern, unvergleichlich waren.
Und Gere mag diese Vielfalt. Denn erstens gibt er nicht gern preis, wer er *wirklich* ist, spielt also lieber jemand anderen, und zweitens ist er neugierig auf die abwegigen Seiten in seinem eigenen Charakter.
Richard Geres bisherige Karriere zerfällt in drei Abschnitte. Und an jedem dieser ereignisreichen Abschnitte nahmen seine Fans leidenschaftlich Anteil. Denn die Entwicklung des Stars war nie langweilig, Hochs und Tiefs wechselten mit oftmals atemberaubender Geschwindigkeit. Teil eins: Schneller Aufstieg zum Star. Teil zwei: Stagnation und halbes Vergessen. Teil drei: Ein sensationelles Comeback.

Die Leinwandkarriere des am 29. August 1949 in Syracuse, im Staate New York, geborenen Schauspielers begann mit Nebenrollen, wie sie nicht zufälliger hätten sein können. Etwa in den Filmen »Der einsame Job« (1975), »Baby Blue Marine« (1976) oder »Auf der Suche nach Mr. Goodbar« (1977).

Bei frühen Abstechern ins Fernsehen, ging er so schlaksig durch die Bilder, lächelte so scheu, blickte so verdutzt und leer, daß die TV-Industrie ihn zunächst einmal zu nichts anderem als einem Kleiderständer aus der Requisitenkammer benutzte. Dort blieb er eine Weile stehen.

Bei solchen Auftritten bewahrheitete sich die alte Regel, daß ein Schauspieler, der nicht im Mittelpunkt der Inszenierung steht, auch sein eventuelles Star-Potential nicht entwickeln kann. Solange er am Bildrand steht, oder in der Totale inmitten anderer Kollegen und Kolleginnen eingefangen wird, wird niemand auf seine typischen Gesten achten.

Richard Gere sondert in den frühen Filmen nur Sätze ab und bleibt passiv und indifferent. Er versucht, seine ganz kleinen, persönlichen Manierismen zu entwickeln, aber niemand will sie sehen. Er grinst auf seine ganz spezielle Art, schaut lange aus dunklen Augen auf sein Gegenüber, schüttelt belustigt den Kopf und bewegt sich völlig entspannt. Aber seine Figuren wirken noch irgendwie fremd. Nicht stimmig. Und die Drehbücher kommen ihm nicht gerade entgegen.

Bevor man ihn vergaß, antwortete Richard Gere jedoch

mit Sex-Appeal. Schon als Stony de Coco in »Heißes Blut« (1978) fing er damit an. Eine Nebenrolle, gewiß, aber was für eine! Gere, der Junge mit dem aufregenden Gang, begann sich freizuspielen.
Der genannte Film von Robert Mulligan bot dem Nachwuchsdarsteller Richard Gere die seltene Gelegenheit, eine Figur zu spielen, die sich im Handlungsverlauf sichtbar entwickelt. Diese Chance ließ sich Gere nicht entgehen. Er zeigte sein erotisches Flair. Und er hatte seine, von nun an obligatorische Liebesszene, die er sehr frei zu spielen pflegt.
Die Kamera entdeckt Gere in diesem Film als Sexsymbol. Er rückt vom Bildrand fort in den Mittelpunkt. Man begreift plötzlich seinen Sex-Appeal und inszeniert ihn ganz bewußt mit Hilfe des technischen Apparats der Kinoindustrie, die auf solche Gelegenheiten giert.
Geres Schokoladenseite wird erkundet und dem Publikum präsentiert. Er entfaltet seinen sinnlichen Gang, setzt seine sexy Gestalt immer wieder in Bewegung, auch in Dialogpausen, die er auf diese Weise ausfüllt. Die verführerische Männlichkeit dieses Darstellers kommt zur Geltung. Hart und zart zugleich, das wird das zukünftige Image dieser Hollywood-Ikone für die gehobene Filmunterhaltung sein.
Hart und zart, supercool und hypersensibel – das sind die Tugenden und Eigenschaften, die Richard Gere am Beginn seiner Starkarriere in die Waagschale warf. Und er zeigte seinen Körper. Nie gab es auf einer Leinwand

einen derartig narzißtisch und androgyn wirkenden Darsteller.
Richard Gere zog sich von jetzt an auf der Leinwand aus, weil er erforschen wollte, wie er mit dieser Situation zurechtkam. Als jedoch die Traumfabrik-Typologie zuschnappte und ihn fortan als Supermacho-Sexobjekt festnagelte, saß er in der – hausgemachten – Falle.
Jetzt mußte er zumindest einmal in anderthalb Stunden Kinozeit seinen blanken Hintern zeigen. Wenn nicht mehr. Wie in »Atemlos«, wo er aus dem Clinch mit Valerie Kaprisky mit stark erigierter Männlichkeit hervorging, und jeder konnte und sollte das sehen. Narzißtische Übungen dieser Art führten später dazu, daß ein Zwang zum Exhibitionismus daraus wurde – den allerdings die Filmindustrie auf ihn mindestens ebenso ausübte, wie Gere ihn von sich aus produzierte.
Das ging gut bis zu der Tanzszene in »König David«, in der Gere als David halbnackt, bekleidet nur mit einem weißen Lendenschurz, eine sehr, sehr lange Steintreppe zum Krönungspalast emporhopste.
Dieser Tanz war eine Mischung aus bedientem Discostil und Guru-Gehabe – und ganz Hollywood lachte über den halbnackten Richard, der es hier mit der Darstellung seines Körpers etwas zu weit getrieben hatte. Aber zu dieser Zeit, Mitte der 80er Jahre, war Gere durch etliche Flops ohnehin schon fast am Ende.
Anfang der 80er Jahre – obwohl nur fünf Jahre dazwischen liegen – sah das anders aus. Mit seinem GI Matt

in »Yanks – gestern waren wir noch Freunde« hatte sich der Newcomer Richard Gere bei Publikum und Kritik die Aufmerksamkeit erspielt, die er verdiente.
Auffällig an dieser Rolle ist vom ersten Moment an, wie zivil die Haltung dieses in England stationierten amerikanischen Soldaten mitten in der Vorbereitung zur Invasion Nazideutschlands ist. Das Militärische ist kein Programm für diesen entspannten Mann, der zwar Kämpferqualitäten besitzt, die er jedoch ganz locker ausspielt. Er spielt sie gewissermaßen wie ein ganz normales Wesen, das ums Überleben kämpft und dabei alle Instinkte entfaltet. Als ein Mann, der den Glamour des männlichen Handelns erotisch definiert und nicht aggressiv. Der im Frieden die bessere Figur macht als im Krieg, weil dort und nicht hier wahre Sinnlichkeit gefragt ist.
Die Erotik eines Soldaten im Stahlgewitter, die von martialischen Kriegsfilmen aus Hollywood genug abgefeiert wurde, ist nicht seine Art. Denn sie ist verlogen. Sinnlichkeit kann sich nur in wirklich zivilen Verhältnissen entfalten, dafür steht ein Schauspieler wie Richard Gere als Garant, und sein Publikum versteht das.
Diese Botschaft war es auch, die den Schauspieler im schönen Film »Yanks« von John Schlesinger bekannt machte. Das Publikum hatte ihn entdeckt.
Sinnlichkeit, Sensibilität, Suggestivität – für diese Eigenschaften stand nun Richard Gere. Hollywood hatte ihn eingeordnet. Positiv, möchte man sagen, aber dennoch eingeordnet. Seine folgende Rolle zehrte

von den angenehmen Tugenden. Als Julian Kaye in »Ein Mann für gewisse Stunden« spielte sich Richard Gere noch tiefer in die Herzen der Fans.
Für die Rolle waren zunächst andere Schauspieler vorgesehen. John Travolta beispielsweise, der den Besetzungsstrategen jedoch zu schlaff schien. Oder Burt Reynolds mit seinen eingefahrenen Macho-Manierismen. Doch Richard Gere bekam sie. Sein androgyner Charme und das Aufreizende seiner Bewegungen hatten bereits genug Aufmerksamkeit erregt.
Als Callboy in Los Angeles präsentierte Gere seinen makellosen Körper. Er ist ein Gigolo mit Stil, und das nicht einmal angestrengt. Man nimmt dem feinnervigen Mann sofort die Dezenz ab, mit der er bei den Damen, die ihn kaufen, zur Sache geht.
Natürlich war die Rolle gewagt, ganz besonders für einen Newcomer. Denn wie gesagt: die Casting-Agenturen, die an der Daumenschraube der Typologisierung in Hollywood kräftig mitdrehen, legen junge Talente ganz schnell unter bestimmte Rubriken in ihren Karteischränken ab.
Als männliche Nutte ist ein Darsteller erst einmal interessant, aber auch im moralischen Zwielicht. Diese Rolle muß ein junger Schauspieler durchstehen und überlegen.
Und so warf Richard Gere unter der Regie von Paul Schrader und unter den raffiniert ausgeleuchteten Blikken der Kamera von John Bailey auch gefährlich lange Schatten, als er sich durch diesen ästhetisch diffizilen

Film bewegte. Lange Schatten werfen – das bedeutet in Hollywood seit der Zeit der legendären »Schwarzen Serie« immer, daß der Darsteller sich auf einem äußerst schwankenden Boden der Moralität bewegt, der auch außerhalb der Leinwand plötzlich unter ihm nachgeben kann. Weniger bildhaft gesprochen: Er muß auf sein Image aufpassen, wenn die Rolle kein Brandzeichen werden soll.

Jedenfalls galt nach »American Gigolo«, wie der Film im Original hieß: Ein neuer Star war geboren. Ein Schauspieler, der sich in einer Zeit der künstlerischen, sozialen und politischen Verunsicherung als Sexsymbol verkaufen ließ. Ein Hoffnungsträger nicht nur als Kassenmagnet, sondern auch als Typ des neuen sensiblen und dennoch harten Mannes, der Sinn- und Identifikationskrisen im Alleingang meistert. Auf dieser Schiene machte Richard Gere erstmal weiter. Sie schien zu seinem Weg zu passen.

Privat donnerte der neue Star mit seinen Motorrädern – auf der Spur von James Dean, Marlon Brando oder auch schon von Mickey Rourke – von Drehort zu Drehort. Ein Unangepaßter, der das Leben auf der Wildside wollte, der die Filmgeschichte kannte und auch seinen eigenen Marktwert. Ein Mann, der unglaublich schnell lernte und sich seinen Platz in der Reihe der neuen Leinwandhelden erobert hatte.

Und in seinem nächsten Film »Ein Offizier und Gentleman« konnte er es sich sogar schon kurzfristig leisten, seinen Status als Sexsymbol aufs Spiel zu setzen. Er

spielte die kleine Soldaten-Nummer in mausgrauer Uniform, einen militärischen Aufsteiger, der herumstrampelt, um Karriere zu machen; einen sozial depravierten Egoisten, der Solidarität nicht kennt.
Für diese Rolle bewunderte man ihn, aber man liebte ihn nicht. Jedenfalls nicht bis zur letzten halben Stunde dieses Films von Taylor Hackford. Da wurde aus Zack Mayo, den er spielte, ein ganzer Kerl. Blitzweiße Uniform, blitzende Augen und soziale Verantwortung, die er schwer, aber erfolgreich, unter den Gesetzmäßigkeiten des Drills lernte – Richard Gere zeigte, was er hatte und konnte.
Lässig und schlaksig, provozierende Bewegungen eines Jungen aus der schmutzigsten Gosse, der seinen Körper zu nutzen versteht: Sex-Appeal vom Feinsten. Und das Ganze gegen Ende auch noch angereichert mit der plötzlich seriösen Haltung eines Jung-Offiziers, der nun gesellschaftlich anerkannt wird – da bleibt kein Auge trocken.
Mit seinem Zack Mayo aus »Ein Offizier und Gentleman« hatte es Richard Gere endgültig geschafft. Er hatte diese diffizile und auch durchaus gebrochene Figur *gespielt* – und zwar mit dem demonstrativen Gestus: Seht her, ich spiele! Macht mit dieser moralisch ambivalenten Figur, was ihr wollt! Das war eine reife Leistung und glamourös dazu. Publikum und Kritik zeigten sich in seltener Einstimmigkeit begeistert. Das Sexsymbol war nun auch als Schauspieler akzeptiert.
Weil das so war, schaffte er es auch, in »Atemlos«

schon nach 150 Sekunden zu dominieren. Nicht, daß er es darauf anlegte. Seine Dominanz in diesem Remake Godards von »Außer Atem« aus dem Jahr 1959, ergab sich einfach aus der Tatsache, daß Gere die Rolle von Jesse, dem Autodieb und Polizistenmörder wider Willen, absolut an seinem Leinwandvorgänger Jean-Paul Belmondo orientierte, und es dennoch schaffte, eine völlig eigenständige Kinofigur zu entwerfen.

Geres Power in »Atemlos« war unglaublich, seine körperliche Präsenz einzigartig. In einer furiosen Personality-Show zog er das Publikum auf seine Seite – auch wenn es zunächst einmal skeptisch eingestellt war, weil es »Außer Atem« und Belmondo kannte.

Zur Zeit der Entstehung des Films, im Jahr 1983, besaß Richard Gere wohl auch jenes Lebensgefühl, das sein Jesse auf der Leinwand ausstrahlte. Er genoß die Rolle des verrückten, lebenslustigen Anarchisten im feuerroten Hemd, der die Polizei von L. A. zuerst durcheinander und dann gegen sich aufbringt.

Und in seinen Liebesszenen mit Valerie Kaprisky stand die Handlung des Films ohnehin still, die Zuschauer sahen nur noch dieses absolute Paar, das sich nackt und – scheinbar – hemmungslos liebte. Eine sinnliche Augenweide und eine erotische Provokation aus anarchistischem Grundgefühl.

Richard Gere verschmolz so sehr mit seiner Filmfigur Jesse, daß er deren Identität noch nach Drehschluß unter der Haut hatte. Die Rolle saß so angegossen, daß auch die Besetzungsbüros in Hollywood ihn lange Zeit nur an dieser Figur maßen. Er blieb der Star für gewisse Stunden, der Mann für jede rebellische Gelegenheit, der Erotiker vom Dienst und der Star ohne Wenn und Aber, der seine Rolle ganz und gar spielt. Auch wenn seine Darstellung das auf der Leinwand Gewohnte um wenige, aber dafür erigierte Zentimeter überschritt.

Die Kameraleute der Traumfabrik liebten ihn von da an heiß. Sie tasteten diesen schlanken Mann mit ihren optischen Apparaturen ab, ohne sich sattsehen zu können. Diesen Star des Kintopps, der mit seinem ganzen Sein und nicht nur mit dem Programm der Schauspielschule seine eigene, unumstößliche Wahrheit verkörperte.

Richard Gere war an der Spitze, als Pretty Man mit dem gewissen Etwas von der Leinwand nicht mehr wegzudenken. Doch plötzlich kam der Knacks. Die zweite Phase in seiner Karriere begann mit Macht. Die Phase des Abstiegs.

Völlig unvorbereitet waren die Rollen weg. Natürlich war auch Gere vorsichtiger und anspruchsvoller geworden. Er suchte länger und entschied sich zögernder. Hollywood sprach von seiner Arroganz, und die Neider traten auf den Plan, die ihn miesmachten.

Er wurde verleumdet als eingebildeter Narziß, dem stürmische Affären und Exhibitionismus wichtiger seien als gute Arbeit. Man dichtete dem mittlerweile 34jährigen Mann naive und infantile Flausen an, die er angeblich auf den Spuren seines frühen Idols James Dean auslebte.

Auf der Leinwand schlug sich das abbröckelnde Image

nieder in Unsicherheiten bezüglich der Besetzungstauglichkeit dieses begabten Beaus mit dem eigensinnigen Kopf.

Richard Gere wurde ins Zwielicht getaucht. Sein Dr. Edoardo Plarr in »Der Honorarkonsul« – aus dem gleichen Jahr des Erfolges von »Atemlos«! – war dafür das schlagende Beispiel. Es war, als habe Regisseur John Mackenzie diesen Schauspieler exekutieren wollen.

Er baute Richard Gere als Arzt auf, der zur Zeit der Militärdiktatur in einem kleinen argentinischen Kaff arbeitet, um seinen verschwundenen Vater zu suchen, als unbedingt vertrauenerweckende Erscheinung. Gere geht scheinbar integer durch ein Land voll politischer Korruption. Doch aus dem aufrechten, überzeugt bürgerlichen Zivilisten wird im Verlauf des Streifens ein Mann, der lüstern der Frau des Konsuls vor Ort nachstellt. Der sie besitzen will und besitzt. Der vorgibt, seinen Vater zu suchen, aber noch mehr das erotische Abenteuer sucht. Der sich einfach nicht entscheiden kann, auf welcher Seite er steht. Und als er sich endlich entscheidet, ist es zu spät. Er fällt.

Richard Gere ging durch diesen Film wie eine Fehlbesetzung. Der Film kommt ihm nicht näher, und er nähert sich der Handlung ebensowenig. Nur seine Gänge durch die Bilder und Sequenzen sind in gewohnter Sinnlichkeit.

Die Regie beutet seine äußere Attraktivität aus. Er sieht verschwitzt bei weitem anziehender aus als die übrigen Darsteller im Frack. Und er bekommt seine Liebes-

szene in völliger Nacktheit. Doch das rettet ihn nicht. So wie die Filmfigur angelegt ist, muß er Schaden nehmen.
Am Ende kommt es ganz dick. Richard Gere wird abserviert. Sein Arzt Edoardo Plarr stirbt unter den Kugeln terroristischer Polizisten. Er liegt im Dreck, das Gesicht zur Erde, als fragwürdiger Körper, der sein individuelles Antlitz im wahrsten Sinne des Wortes verloren hat. Die Kamera zeigt ihn nur noch von weitem, entfernt sich von ihm mit dem unausgesprochenen Gestus: Dieser Mann war es nicht wert. Und doch hatte Richard Gere ihn verkörpert.
Spätestens hier hätte Gere, hätten seine Fans hellhörig werden müssen. Welches ästhetische und moralische Abrißunternehmen war da am Werk, das am Nimbus dieses Schauspielers kratzte? Und warum hatte Gere selbst nicht erkannt, wie sehr ihm diese Rolle schaden könnte?
Immerhin, die Vorlage war von Graham Greene, das mag den Schauspieler geblendet haben. Aber ein differenzierter, literarisch bedeutender Roman ist eine Sache, die Filmfigur eine andere. Für diesen Unterschied nicht offen gewesen zu sein, spricht nicht für die Wachheit des Darstellers in dieser Zeit seiner Karriere.
Von da an ging's bergab. Und zwar steil. Richard Gere riß geradezu masochistisch ein riesengroßes Loch in seine Karriere. Es war beinahe erschreckend mitanzusehen, wie er sich in nicht tragfähigen Rollen von Re-

gisseuren verheizen ließ, die mit ihm nichts anfangen konnten – oder wollten.
Den vorläufigen Tiefpunkt seiner Karriere erreichte Richard Gere im Jahr 1984. Sicherlich war das emotional so negativ besetzte George-Orwell-Jahr nicht nur für Schauspieler ein schlimmer Zeitpunkt. Auf der ganzen Welt warteten Millionen Menschen auf irgendein schlimmes Geschick. Eine Art Massenlähmung hatte die Völker und Nationen befallen. Ein wirklich seltsames, durch die reale politische und militärische Situation nur teilweise zu erklärendes Phänomen am Ende des 20. Jahrhunderts.
Richard Gere traf die Lähmung besonders. Er ließ sich auf den Film »Cotton Club« ein. Mit fettiger Haarlocke und messerscharfem Oberlippenbart trat er als Trompeter, der sein Instrument vors Gesicht hält und dahinter fast verschwindet, vor die Kamera. Als ein Trompeter auch noch, der in die Dienste des abgefeimten Gangsters Dutch Shultz tritt. Eine unwürdige Rolle!
Noch nie zuvor hatte man in Geres Gesicht diesen Ausdruck dumpfer Leere gesehen. Oder den der Angst, die seine Züge verzerrte. Gere ließ sich in einer Rolle, die zu nichts anderem taugte, dazu herab, mimisch zu agieren, er beraubte sich freiwillig seines Status, ein Star zu sein. Er spielte wie jemand, der frisch von der Schauspielschule kam. Ein langer Jammer!
Die Fans des Stars bedeckten entsetzt ihre Augen. Sie begriffen vielleicht eher als Gere, daß die Produzenten dieses Films sich nur seines zugkräftigen Namens be-

dient hatten, um Geld locker zu machen. Gere bekam in »Cotton Club« von Francis Coppola einfach nichts zu tun, er trat auf und blieb in der Halbtotale stehen. Schnitt.
Wie er seine Trompete spielte, das war ausdrucksvoller als er selbst, denn er spielte immerhin. Damit brachte er ein privates Talent mit in die Rolle ein, auf das die Fans neugierig genug waren. Daß der Schauspieler Richard Gere auch musikalisch sehr begabt war, hatte man schon gehört. Jetzt bewies er es.
Doch der Leiden war damit noch kein Ende. Richard Gere, orientierungslos in Hollywood herumdümpelnd, ließ sich auf weitere Abenteuer ein, die seinen guten Ruf weiter ruinierten. In dieser Zeit wären Drehbücher gefragt gewesen, in die er sich hätte hineinknien müssen, aber es gab sie anscheinend nicht. Statt dessen wollte der Star beweisen, daß er ein vielseitiger und talentierter Schauspieler ist, der jede Rolle meistert.
Was zu dieser Beweisführung noch fehlte? Eine Kostümrolle.
Und schon sehen wir den Darsteller zeitgenössischer Alltagshelden, attraktiver Männer aus der Großstadt von heute, wie er sich die Gewänder des alten Israel umhängt, wie er sich das Haar und später auch den Rauschebart wachsen läßt und schmachtende Blicke auf die Töchter des auserwählten Volkes vor 3 000 Jahren wirft. Die Rede ist von seiner Rolle des David in Bruce Beresfords »König David«.
Man erkannte ihn kaum wieder. Und das ist für einen

Star, dessen ausdrucksvolles Gesicht die Massen anbeten, nicht gerade ideal. Ein anderer Umstand war jedoch viel entscheidender, um das Desaster dieses Films, und der Rolle, die Gere darin spielt, zu vollenden.

Richard Gere ist ein Schauspieler des Understatements. Er hatte es nie nötig, sich mit mimischer Anstrengung und Virtuosität in den Vordergrund zu hieven. Seine Wirkung liegt im Wegspielen von Bedeutungen. Bombastische Dialoge sind nicht seine Sache und auch nicht der heere Tiefgang von Sequenzen, die über das, was sie wirklich zeigen, hinausweisen wollen. Gere liebt das konkrete Detail, die genaue Geste, das nur angedeutete Mienenspiel.

Der König David verlangte das genaue Gegenteil von ihm. Und das wollte niemand sehen. Im Pathos seiner Sätze, die im Bibel-Amerikanisch noch unerträglicher klangen, gingen die letzten Sympathien verloren, die sein Publikum noch sehnsüchtig an ihn geheftet hatte. Die Regie von Bruce Beresford tat ein Übriges, um Richard Gere als Star zu exekutieren. Sie beschränkte seine Auftritte auf das Nötigste – man kann auch sagen, sie versuchte alles, um Gere mit dem, was er tatsächlich kann, nicht zur Wirkung kommen zu lassen. Sicher war da die edle und aufrechte Haltung, das Blitzen der Augen, das wohltönende Spiel auf der Harfe. Aber spätestens, als der junge König den Jehova tanzt, d. h. zu einem unerwarteten Boogie durch den Krönungspalast aufbricht, dorthin, wohin ihn der

Gott Israels führen will, nämlich zum Thron – da versagten dem Publikum die Nerven. Sie lachten laut. Und die Kritiker lachten überall mit. Gere war out.
Symptomatisch, daß der Schauspieler im letzten Drittel des epischen Films, der eine ganze Epoche nacherzählt, altert und altert. Das sah man bei Gere noch nie – und wollte es auch nicht sehen. Diese Sequenzen waren wie ein Abgesang auf einen attraktiven, noch immer jungen Star, der hier im Zeitraffer aus dem zeitgenössischen Filmgeschehen weggeschafft wurde und damit seinen Abschied vom Status des Sexsymbols bekanntgab. Der Film schminkte ihm die Vergänglichkeit wie eine Totenmaske auf, danach war Richard Gere als »Mann für gewisse Stunden« aus dem Gedächtnis der Menge gestrichen.
Es folgten die fünf mageren Jahre des Richard Gere. Eine Zeit, in der er zwar filmte, den Neuanfang suchte und zu manchem Kompromiß bereit war – aber ohne großen Erfolg.
Die Filme in dieser Phase waren: »Power – Weg zur Macht« (1986), »Gnadenlos« (1986), »Miles from Home« (1988). Drei Filme in fünf Jahren. Das Jahr seines Comebacks, 1990, war noch weit. Richard Gere erlebte eine schwere Zeit.
Sein Publikum versuchte, das Beste aus der Situation zu machen. Es richtete sich darauf ein, mit genauerem Blick als zuvor, die Arbeit ihres Stars zu begutachten, ihn realistischer zu bewerten, als das in den Jahren des ungebrochenen Starruhms möglich gewesen war.

Wenn der Glanz verblaßt, sieht man die Dinge genauer.
Die Situation in der zweiten Hälfte der 80er Jahre, die für Richard Gere so verheißungsvoll begonnen hatten, bot nun immerhin die Chance, nicht nur die Auftritte des Idols zu bewundern, sondern Film für Film wahrzunehmen.
Der Blick auf Richard Gere war in dieser Phase der Blick auf einen Schauspieler, der versuchte, sich eine Rolle überzustreifen, die ihm wie ein Maßanzug paßte. Aber er mußte sich mit Konfektion begnügen.
Das erste Beispiel dafür war sein Pete St. John in »Power – Weg zur Macht«.
Hier setzte Gere auf die Mittel, die ihm früher zum Erfolg verholfen hatten. Er strahlte Wärme und Vertrauen aus. Lässig und locker mimte er den politischen Wahlkampfstrategen, den politische Inhalte und Programme nicht interessieren. Die Rolle ist – natürlich unbeabsichtigt – eine Vorstudie des Edward Lewis, den er später in »Pretty Woman« spielen wird. Er ist attraktiv, arrogant, gebildet. Ein glatter Kerl in gutsitzenden Anzügen. Der geilste Werbemanager, den es je gab. Nicht mehr und nicht weniger.
Nur besaß dieser Film des begabten Hollywood-Routiniers Sidney Lumet nicht den Märchenton, der »Pretty Woman« zum Erfolg führte, und Richard Gere besaß nicht mehr den Nimbus des Stars. Konzeptlos schlingerte das ambitionierte Werk, das viel wollte und viel verspielte, durch seine Laufzeit. Geres Methode, in der

Reduktion seiner Mittel Wirkung zu erzielen, kam bei diesem Schauspieler-Regisseur nicht an, der die virtuose, ja manchmal hysterische Darstellung liebt. Lumet wußte nichts mit einem Schauspieler anzufangen, der seine Darstellungskunst eher nebenbei zeigt: in einem Gang, einer Geste, einem Lächeln, dem Hantieren mit Requisiten usw.

Ganz anders lagen die Dinge in einem Film aus dem gleichen Produktionsjahr, in »Gnadenlos«. Hier spielte Richard Gere als Eddie Jillette endlich wieder einmal eine Rolle, in der das Publikum sich mit seinen Qualitäten uneingeschränkt identifizieren konnte. An der Seite von Kim Basinger bestach Gere mit einer nervigen, volltourigen Darstellung. Daß der Film an der Kasse kein Erfolg wurde, lag nur daran, daß man Gere in dieser Zeit die Leistung, die er hier zeigte, gar nicht zutraute.

Vor allem in den vielen Actionszenen zeigte Gere, welche körperliche Kompetenz er als Schauspieler aufbringt. Mit traumwandlerisch sicherer Schnelligkeit, motorisch, sensibel, hart und sinnlich zugleich, bewältigte er seine Aufgaben als proletarischer Bulle im Dschungel von Chicago, Louisiana und New Orleans.

Nie spielte der Star eine andere Rolle, die ihm die Aura des Einsamen, Verfolgten, des Integren und »Reinen« in einer korrupten Welt derart offensichtlich auf den Leib schminkte. Und in dieser Rolle ist er einfach am besten. Denn soviel Vertrauen erweckt kein anderer Hollywood-Star seiner Generation, in welcher Rolle auch immer. Regisseure aller Länder vereinigt euch, um Richard zukünftig solche oder ähnliche Leinwand-Figuren auf die Haut zu schneidern.

Erstaunlicherweise blieb der gutgemachte und spannende Filmthriller von Richard Pearce fast unbemerkt. Auch der nachfolgende mit dem Titel »Miles from Home« konnte Geres Talfahrt nicht bremsen. Wir müssen erst den Beginn der 90er Jahre erleben, um das Comeback, ja geradezu die Wiedergeburt des Darstellers mit der besonderen, sinnlichen Ausstrahlung zu erleben. Zwei Filme schafften das. Der erste war »Internal Affairs«, der zweite »Pretty Woman«.

Pretty Man Richard Gere war plötzlich wieder da. Graumeliert, gereift, nicht mehr ganz so jugendlich frisch. Aber mit der gleichen Ausstrahlung wie zu Beginn des Jahrzehnts. Dabei war seine Rolle als korrupter Bulle Dennis Peck in »Internal Affairs« zunächst nicht gerade das, was die treuen Fans von ihrem Idol sehen wollten.

Denn dieser Bulle ist eiskalt, berechnend, mörderisch. Er geht über Leichen, um sein Privatleben abzusichern. Als reißender Wolf in Uniform, geht Richard Gere durch die Straßen von Los Angeles, als wollte er sich rächen für die erlittene Schmach der letzten Hollywood-Jahre.

Der Schauspieler Gere zieht aus dieser Rolle mannigfaltigen Nutzen. Er benutzt seine äußerliche Attraktivität, um die zwielichtige Figur dieses Polizisten glitzern zu lassen. Er zwingt den Zuschauer, sich mit Sein und

Schein, Schönheit und moralischer Verderbtheit, Wahrheit und Lüge der Idealisierungen auseinanderzusetzen. Sein Sex-Appeal, den er hier ganz zurückgenommen einsetzt, vertieft die Psychologie seiner Figur und verstärkt das kitzelnde Unbehagen, das man empfindet, wenn man diesen Mann agieren sieht.
Er führt vor, wie ein interessanter Mann zur Autorität wird kraft seiner verführerischen Seiten, mit der er alle einlullt, die mit ihm zu tun haben.
Daß Gere den Schritt wagte – nach der Pleite im ähnlich gelagerten Fall »Der Honorarkonsul« –, seinen Nimbus noch einmal zur Diskussion zu stellen und das Entsetzen seines Publikums zu riskieren, das macht die Größe seiner Rolle in diesem düsteren Film aus.
Und er gewann die Partie. Keiner lachte mehr über Richard Gere. Hier war einer zurückgekehrt, der sich selbst in der Krise immer ernstgenommen hatte. Ein Mensch und Schauspieler, dem Hollywood, diese oftmals allzu seichte Abspielstätte für kommerzielle Träume, Abbitte zu leisten hatte. Und auch leistete.
Der Mann, der sowohl das aufregendste männliche Sexsymbol des gegenwärtigen Films als auch ein äußerst begabter Schauspieler ist, Richard Gere aus Syracuse, New York, der Darsteller mit den vielen Gesichtern, meldete sich 1990 auch als Kassenmagnet zurück. »Pretty Woman« war die Wende. Pretty Man schlug, an der Seite der bezaubernden Julia Roberts, zurück. Als Oldtimer-Yuppie in einer erotischen Märchen-Komödie ohne viel Tiefgang, startete Gere mit allem,

was er drauf hatte, mit Coolness und Sensibilität in die dritte Phase seiner Karriere. Die Zeit war reif.
Sicher ist die Rolle des Edward Lewis, Finanz- und Kreditmanager an der Wallstreet, keine Glanzrolle gewesen. Gere hat weitaus bessere gespielt. Aber als Kontrastfigur zur quirligen Julia Roberts, der er durch vornehme Zurückhaltung die Hauptrolle überläßt, ist er unnachahmlich. Unnachahmlich sympathisch.
Und das ist allein dem Darsteller zu verdanken, denn das Drehbuch von J. F. Lawton zeichnet Edward Lewis als das, was er eigentlich ist: als einen glatten, emotionslosen Fiesling, der kein Mitgefühl verdient.
Richard Gere erwies sich wieder einmal als Meister der Abwiegelung. Er sitzt da, schlägt die Beine übereinander, legt die Hände aneinander und beobachtet. Und schon gehört die Szene ihm. Er ist unnahbar, nur der Blick aus braunen Augen signalisiert dezente Bedürftigkeit. Da sitzt er, der Manager und Mann für den Hintergrund. Völlig entspannt, mit einem prima Design. Eine Plastikfigur im Neonzeitalter, nur durch Richard Gere zum Leben erweckt. Und wie!
Das darstellerisch Besondere an dieser Rolle liegt darin, daß sich Gere zu einer gediegenen, ja geradezu aristokratischen Körpersprache entschloß, die im äußersten Kontrast zur plebejischen Körpersprache der Roberts stand. Und da dies eine Komödie der klassenspezifischen Gestik ist, fand er in Absprache mit seinem weiblichen Co-Star sofort und ohne die geringste Mühe zum eigentlichen Zentrum des Films.

Das ist das eigentliche Geheimnis des Erfolges – von »Pretty Woman« und von Richard Gere –, daß Figuren im Zwielicht lebendig werden. Der Finanzhai als Mensch, die Fratze des nackten Kapitals als Pretty Man, den die Zuschauer lieben können.
Wenn man sich vorstellt, wie Mickey Rourke das gespielt hätte, kann man ermessen, wie reif Richard Gere als Mensch und Schauspieler am Beginn der 90er Jahre ist. Er hat es nicht nötig, sich in den Vordergrund zu drängen oder seine Tricks zu demonstrieren. Er ist innerlich genug gefestigt, um für jeden Kollegen und für jede Rolle eine Bereicherung zu sein.
Daß dies so ist, sieht der Zuschauer – auch ohne zu wissen, daß Richard Gere Buddhist ist, also einer Religion angehört, die ihm innere Ausgeglichenheit beschert und ihm ermöglicht, sich an seiner eigenen Schöpfung zu beteiligen. Sie gibt ihm die Lebenskraft, die er nach den Schlappen der letzten Jahre braucht.
So ausgestattet – und zwar innerlich und äußerlich – wird Richard Gere einer der großen männlichen Stars der 90er Jahre sein und bleiben.

Ein Schauspieler wird geboren

Wer dieser Mann eigentlich ist, weiß er selbst nicht. Er weiß es um so weniger, sagt er, je älter er wird. Auf der Leinwand ist er der Mann mit den vielen Gesichtern, im Privatleben hat er auch schon einige sehr unterschiedliche Rollen gespielt. Aber sein Privatleben ist diesem Star der Medien heilig. Kaum etwas dringt in die Öffentlichkeit. Richard Gere? Einer der zugeknöpftesten Hollywood-Größen. Er hat sein Privatleben immer vor den PR-Büros der Filmfabrik abgeschirmt. Eher ein Sinnsucher und Fahnder nach sich selbst, denn ein öffentliches Medium. Für die private Tätigkeit bevorzugt er die eigenen vier Wände in New York und Beverly Hills.

Viele Journalisten halten ihn deshalb für hochnäsig und geziert. Aber das ist ganz falsch. Er ist sensibel für falsche Töne, wie sie die Medien gern als Nachrichten verkaufen. Und er hat es sich angewöhnt, sein Privatleben konsequent vor der Öffentlichkeit abzuschirmen. Er braucht den Schutz dieser Privatsphäre, denn Schauspielern ist eine sehr intensive Tätigkeit, man braucht

aufgeladene Batterien dazu. »Privatleben«, sagt Richard Gere selbst, »bedeutet, diese Batterien aufzuladen.«
Wir wollen ihm seine Privatsphäre lassen. Klatsch und Tratsch interessiert in diesem Buch nicht. Wir wollen nur den Lebensweg dieses Menschen verfolgen, der Ende der 70er Jahre plötzlich mit großen, elektrisierenden Filmen bekannt wurde und in den 90er Jahren ein sensationelles Comeback erlebte. Und dieser Lebensweg begann so:
Am 31. August 1949 kam Richard Tiffany Gere in Philadelphia, im Staate Pennsylvania zur Welt. Er war der Zweitälteste von insgesamt fünf Geschwistern – ein Bruder, drei Schwestern. Seine Eltern, der Versicherungskaufmann Homer und die Hausfrau Doris waren englischer Abstammung und schrieben sich, wie ihre Vorfahren, Gear.
Aus beruflichen Erwägungen des Vaters Homer, zog die Familie nach Syracuse im Staat New York. Dort wuchs Richard Tiffany auf und ging zur Schule.

Talente

Die Eltern pflegten einen gutbürgerlichen Standard, so lernte der Junge keine Not kennen. Und da die Familie genug und gut zu essen hatte, pflegte sie die »parasitäre« Kultur. Es wurde im Haus musiziert, Theaterbesuche waren gang und gäbe, und auch mit Büchern kam Richard früh in Kontakt.
Sehr früh entdeckte der junge Mann seine Liebe zur Musik, und bei seinen Eltern rannte er damit offene Türen ein. Sie ließen ihm Stunden geben, in denen er mit ausgewählten Lehrern seine Talente für verschiedene Instrumente testen konnte.
Am besten gefiel es dem hoffnungsvollen Sprößling, auf der Trompete zu blasen – er besaß kräftige Lungen, was auch auf seine Vorliebe zurückzuführen war, tagelang an der frischen Luft herumzutollen und sich sportlich zu betätigen. Also bekam er Trompetenunterricht. Und Klavierunterricht gleich noch dazu. Richard konnte von Instrumenten nicht genug kriegen. Später lernte er auch die Gitarre zu zupfen und den Kontrabaß zu streichen.

In der Schule waren die Lehrer von dem aufgeweckten und neugierigen Jungen begeistert. Sie regten ihn zu mannigfaltigen Aktivitäten an. Es versteht sich fast von selbst, daß Richard mit etlichen Auftritten auf der Schulbühne glänzte, doch die Bretter bedeuteten noch nicht die Welt für ihn.

Noch schwankte der Junge zwischen seinen unterschiedlichen Neigungen. Sollte er den Weg eines Sportlers einschlagen? Die Sport-, Turn- und Tanzlehrer rieten dringend dazu – und da er Mitglied einer Pfadfinder-Gruppe war, auch die Leiter dieser Jugendorganisation. Oder sollte er nicht lieber seinen musischen Fähigkeiten nachgehen? Der Kunstlehrer und vor allem seine Musiklehrerin bearbeiteten ihn natürlich eher in dieser Richtung.

Eines wußte Richard jedoch ganz klar: Er wollte weg aus Syracuse. Weg aus dem Einerlei der Provinz und weg von den Eltern, die er zwar liebte, die ihn jedoch auch gängelten mit ihrem Bestreben, aus ihrem Sprößling einen Champion zu machen – egal in welcher Branche. Weg auch aus der typischen Situation eines Kindes, das immer an seiner Kindheit, nicht an seinen zukünftigen Plänen gemessen wird. Richard, der sehr schüchtern war und stotterte, wenn er ein Mädchen ansprach, wollte endlich erwachsen werden.

Mit fünfzehn Jahren kaufte sich der zwar schüchterne, aber auch neugierige Junge in den Sommerferien ein Flug-Bahn-und-Bus-Ticket, mit dem er quer durch die Vereinigten Staaten fahren konnte. Aber hauptsächlich interessierte ihn die Ostküste – und da ganz besonders New York. Der unternehmungslustige Boy aus der Provinz kam mit dem Flugzeug in La Guardia an, und Flughafen und Stadt erschlugen ihn. Was er dann tat? Er fragte sich durch nach Greenwich Village, dem Künstlerviertel. Dort wanderte er den ganzen Tag herum, studierte die Theaterpläne in den Aushängen, sah sich Häuser, Plätze, Kirchen an.

Als seine Ferienzeit um war, fuhr er schweren Herzens wieder nach Hause. Aber die Erinnerung an New York, an diese kreative, pulsierende Stadt, verließ ihn nicht mehr. Er schwor sich, hier eines Tages zu leben.

Ein Ereignis besonderer Art erleichterte es ihm, seine Vorentscheidungen hinsichtlich dieser weiteren Ambitionen zu treffen.

Im Alter von sechzehn Jahren arrangierte seine Musiklehrerin ein Treffen mit dem Leiter des symphonischen Orchesters von Syracuse. Händels »Messias« stand auf dem nächsten Programm des Orchesters, ein symphonisches Stück mit jubelnden Trompeten- und Hornpassagen. Richard, der es inzwischen zu einiger Fertigkeit auf dem Cornet gebracht hatte, sollte vorspielen. Und er spielte so gut, daß er als jüngster Gast-Solist eingeladen wurde, an der »Messias«-Aufführung teilzunehmen.

Das Konzert wurde ein voller Erfolg. Von da an stand es für Richard fest, daß eine Sportler-Karriere, so weit empor sie auch führen mochte, für ihn nicht mehr in Frage kam. Er ging fort, nach Massachusetts. Dort gab

es eine berühmte Universität, und an der wollte Richard Gere studieren.
Er packte seine Trompete und viele Bücher ein und zog von zu Hause fort, um sich an der »University of Massachusetts« einzuschreiben. Natürlich belegte er das Fach Musik, aber nur als Nebenfach, zusammen mit dramatischer Kunst. Sein Hauptfach wurde Philosophie.
Warum Philosophie? »Es gab diese vielen Fragen«, erinnert sich der Star in einem späteren Gespräch, »die ich nicht beantworten konnte. Warum war die Welt so und nicht anders? Warum war überhaupt etwas da? Und warum nicht ein Nichts? Warum? Warum?? Ich hoffte, im Studium der philosophischen Logik Antworten zu bekommen. Aber leider machte ich die Erfahrung, daß alle Antworten darauf hinausliefen, daß ich gar nicht existierte.«
Der Woody-Allen-Effekt! Das war eine destruktive Erfahrung. Der junge Student machte sie während der gesamten zwei Jahre, die er an der Universität von Massachusetts in philosophischen Seminaren verbrachte. Er vergrub sich in Bücher, seine Kommilitonen amüsierten sich unterdessen mit Mädchen. Richard bekam schwer Kontakt, er besaß praktisch keinen einzigen Freund.

Ein Märchen

Aber gerade dieses Grübeln führte schließlich dazu, daß der Student begann, regelmäßig ins Kino zu gehen. Dort fühlte er sich nicht mehr allein. Im Kino summte und brummte es vor Leben – so schien es ihm jedenfalls.

Richard war ein Junge, der alles, was er tat, ganz machte. Und so zelebrierte er während seiner philosophischen Studentenjahre die Kinobesuche so extrem, daß er auf dem Campus zum Gesprächsthema der Kommilitonen wurde. Der Zelluloid-Verrückte kam keine Nacht vor zwei Uhr ins Studentenheim zurück – nach sechs Stunden Kinobesuch! Und das Nacht für Nacht, zwei Jahre lang.

Danach taten ihm nicht nur die Augen weh, er hatte das Leben aus zweiter Hand auch satt. Er wollte einfach mehr. Vielleicht wollte der romantische Junge damals schon das, was im Jahr 1990 Vivian zu Edward Lewis in »Pretty Woman« sagt: »Ich will mehr!«, sagt die Bordsteinschwalbe zu diesem Mann des Geldes, »ich will ein Märchen!«

Ein Märchen? Kurzentschlossen schmiß Richard sein Studium hin. Nach zwei Jahren Massachusetts begleitete er einen Kommilitonen nach Princetown, der am dortigen Theater einen Vertrag für eine Saison erhalten hatte. An der Ostküste, so stellte er sich vor, sollte sein Märchen in Erfüllung gehen. Er wollte Schauspieler werden. Endlich aus dem Schatten heraustreten und die Passivität des nur konsumierenden Fans von Theater und Film aufgeben.

Es kam anders als geplant. Richard Gere hätte alles gegeben, um selbst an diesem Theater spielen zu können, aber er glaubte nicht daran. Er sprach vor – und wurde engagiert. Sein Kommilitone, obwohl er schon einen Vertrag besaß, jedoch nicht. Plötzlich stand Richard, der blutige Anfänger ohne jede professionelle Erfahrung, mit einem Vertrag da. Wenn das kein Märchen war!

Nun hatte er zwar einen Vertrag in der Tasche, aber war Schauspielern wirklich alles, was er wollte? Dem philosophisch talentierten Ex-Studenten kamen plötzlich nagende Zweifel, das Studium hatte ihn sozusagen auf Zweifel trainiert. War dieses Metier nicht allzu oberflächlich? Galt es nicht, andere Probleme zu lösen, auch in seinem eigenen Leben? Sollte er sein ganzes junges Herz wirklich an einen Job hängen, der ihm rein zufällig vor die Füße gefallen war?

Zunächst einmal entschied er sich zu spielen, der Rest würde sich dann ergeben. Er trat in den unterschiedlichsten Rollen auf. In »Great God Brown«, in »Camino

Real« und vor allem in seinem damaligen Lieblingsstück »Rosenkrantz and Güldenstern are dead«.
Während er spielte und die Rolle erlernte, ergab sich auf andere Art die Lösung seiner theoretischen Probleme. Das praktische Tun faszinierte ihn jetzt völlig, »learning by doing« war angesagt. Er beschloß für sich, daß es kein Zufall gewesen sein konnte, auf der Theaterbühne gelandet zu sein und nicht im philosophischen Symposium. Die philosophische Logik in Ehren, aber konnte sie Shakespeare ersetzen? Wohl kaum.
Die Entscheidung, am Theater zu bleiben und das Studium endgültig sausen zu lassen, wurde kurz darauf perfekt. »Schuld« daran hatten in erster Linie zwei Personen, die Richard sehr schätzten: Der Direktor des »Provincetown Playhouse«, William Roberts, und seine Frau Janet, eine literarische Agentin aus New York. Sie drängten dem jungen Gere gewissermaßen die Entscheidung auf, die er zu fällen hatte.
Das Ehepaar erwartete eine Anstellung am »Seattle Repertory Theatre« und überredete den jungen Akteur, mit ihnen dorthin zu gehen. Richard überlegte nicht lange und sagte zu. Die Schauspielkarriere war vorgezeichnet. Seattle rief!

Musik

Seattle wurde zum Meilenstein für Geres Karriere. Dort spielte er nicht nur bedeutende Rollen wie in »Volpone«, sondern konnte sogar seine musikalische Begabung weiterentwickeln, denn zu mehreren Stücken komponierte er die Bühnenmusik.
Musik wurde immer mehr zu seiner großen Liebe. Er gründete eine Band mit Freunden, und sie zogen über Land – mit Freunden, die er nunmehr besaß, die Not der Studentenzeit war zu Ende. Er hatte Freunde, mit denen er reden konnte, spielen, musizieren – oder auch einfach nur Seattle unsicher machen.
Eine Zeitlang lebte er mit den Mitgliedern der Rockband in einer Landkommune bei Vermont zusammen.
»Man kann sich das kaum vorstellen«, erinnerte sich Gere später an diese Zeit, »wir besaßen 300 Morgen Land, es lag ganz hoch oben im Gebirge, komplett mit einem eigenen Fluß und einer Quelle. Es war eigentlich ein Paradies, aber wir konnten es damals nicht gestalten. Wir waren nicht in der Lage, die Situation zu nutzen. Zu jung, zu ungestüm. Wir wollten damals eher

die Welt durch unsere Musik verändern, als die Zeit in der Natur zu genießen.«
Dennoch wurde die Zeit in Vermont und Seattle zur schönsten Erfahrung im jungen, hoffnungsvollen Leben von Richard Gere. Gere ließ sich Zeit, das Gitarrenspiel und seine Experimente auf dem Keyboard zu vervollkommnen. Und es gelang ihm dadurch, auch als Komponist sicherer zu werden und Stücke für zwei Theateraufführungen zu komponieren, die später zum Einsatz kamen.
Aber dennoch hatte Richard seinen Schwur nicht vergessen, eines Tages nach Greenwich zu ziehen, denn Vermont war Vermont, Seattle war Seattle und New York war New York. Richard Gere erinnerte sich gerade in der schönen Natur immer häufiger an seinen ersten Ausflug nach Greenwich Village, und der Wunsch wurde wieder stärker, dorthin zurückzukehren.
Mit etwas Erspartem aus den Tagen von Princetown und Seattle fuhr er im Jahre 1972 kurzentschlossen in die Milchstraßenstadt am Hudson River, in der sich das ganze Universum zu spiegeln schien.
Im Village pulsierte das Leben ganz im Sinne einer Zeit, die im Begriff war, neue liberale Maßstäbe auszuprobieren und Zeichen einer neuen Epoche zu setzen. Es ist die Zeit des Aufbruchs, und Richard Gere tritt in die inneren Zirkel der Künstler und Studenten ein, die das neue Zeitalter auf jedem Gebiet enthusiastisch oder manchmal auch nur in träger Lust begrüßen.
Der junge Mime und Musiker muß mit 25 Dollar die

Woche auskommen. Das ist nicht viel, aber im Village ist es genug. Und der freie Lebensstil ist genau, was er sich erträumt hat! Er beflügelt seine Phantasie und seine gute Laune. Geld ist nicht alles! Das Leben will gelebt sein! Es lebe also, sagt sich unser junger, talentierter Darsteller und Musiker, die sexuelle, kreative, künstlerische – und vielleicht sogar die soziale und politische Revolution, die vor allem die Schwarzen im Village wollen!

Es wird eine beeindruckende Zeit. Eine arme Zeit, voller Hunger, aber romantisch. Der junge Schauspieler lebt in Nachbarschaft zu seltsamen Menschen und Szenen.

Eines Abends lauert ihm ein Mann aus seinem Haus auf und hält ihm einen Revolver an die Stirn. Ein Psychopath, der seinen angstvollen Blick genießt. Und im Viertel ereignen sich mehrere Messerstechereien, bei denen viel Blut fließt. Richard Gere mag das gar nicht, aber da er ein Schauspieler ist, nimmt er es als Studienmaterial, um spätere Rollen mit diesen Erfahrungen zu füttern.

Als es ihm doch zu bunt wird mit den abendlichen Exzessen vor der eigenen Haustür, mietet er einen leerstehenden, etwas schäbigen Kolonialwarenladen im westlichen Teil von Greenwich Village und baut ihn um zu einer kleinen, gemütlichen Wohnung, in der es sich aushalten läßt.

Er bleibt dort eine Weile und gleicht das unstete Leben der letzten paar Jahre auf seine Weise aus. Seine kleine Wohnung sichert ihm zum ersten Mal den Rückzug ins Privatleben. Wie er das genießt!

New York ist, nach Umwegen, die Stadt, in der Richard Geres Karriere wirklich beginnt.

Auch Janet Roberts, die er aus Seattle kennt, ist inzwischen hier gelandet. Er sucht sie auf, und sie schickt ihn sofort zu einer Agentur, die den Namen »International Creative Management« trägt. Ein wohltönender Name, den die Agentur jedoch zum Glück nicht umsonst trägt. Ihr Leiter Ed Limato hat weitreichende Kontakte. Er wird zu einem der entscheidenden Förderer des jungen Schauspielers.

Gere lernt über Limato den Top-Agenten William Morris kennen, der an allen Drähten zieht. Der legendäre Insider erinnert sich später:

»Ich lernte Gere kennen und verpflichtete ihn, ohne seine schauspielerische Arbeit zu kennen. Er war ein gutaussehender Junge, ein langhaariger Rebell mit einer Gitarre, wie es zugegebenermaßen zu der Zeit einige gab. Aber er hatte darüber hinaus das Zeug zum Star, das konnte ich sofort sehen. Er war attraktiv, hatte irgendwie einen Touch von Gefahr um sich – und er meinte es ernst mit sich und seiner Karriere.«

William Morris engagierte Gere für eine Rock-Oper mit dem Titel »Soon«. Das war sein erster großer Auftritt in New York. Und er wurde wahrgenommen. Er spielte, und wichtige Leute sahen ihn. Zum Beispiel Judith Lamb, eine Casting-Agentin für Joseph

Papp's »Public Theatre«. Diese Frau sollte fortan ebenfalls eine wichtige Rolle in Richard Geres Leben spielen. In »Soon« trat Gere als Schauspieler wie auch als Instrumentalist auf. Außerdem hatte er in seiner Landkommune ja kräftig komponiert, als Resultat durfte er jetzt den musikalischen Rahmen gestalten. Das war ein Glücksfall für ihn. Wenn die Show auch nicht die Kritiken erhielt, die sich die Beteiligten erhofften – ein Anfang war gemacht.
Wenn der Erfolg auch nicht überragend war, die Hauptsache war, daß er auftrat. Gere wußte, er war auf dem richtigen Weg. Und das war richtig, denn schon warteten andere Off-Broadway-Aufgaben auf ihn. Das Schlüsselstück für den engagierten Darsteller war noch nicht gespielt. Doch es kam.

Auf den Theaterbühnen

Sam Shepard, der Lieblingsautor der nordamerikanischen Künstlerszene – er schrieb unter anderem das Drehbuch zu Wim Wenders' Film »Paris Texas« und spielte mit Kim Basinger die männliche Hauptrolle in der Altman-Verfilmung seines Stückes »Fool for Love« – hatte ein Bühnenscript mit dem Titel »Killer's Head« verfaßt. Ein umfangreicher Monolog mit äußerst schwierigen Passagen.
Als das »Wynn Handman's American Place Theatre« im Village dieses Stück herausbringen wollte, verschaffte Judy Lamb ihrem Schützling Richard Gere den Part.
Gere sagte sofort zu. Er arbeitete wie ein Besessener am Text, denn er begriff, dies war seine bisher größte Chance. »Es war damals die erste Rolle«, sagte er später in einem Interview, »von der ich mich wirklich direkt betroffen fühlte.«
Gere spielte einen Mörder, der auf dem elektrischen Stuhl landet. Schon wird er dort festgezurrt, seine Augen werden verbunden, er kann seinen Körper nicht

mehr bewegen, wartet auf den Stromstoß. Für einen Schauspieler bedeutet das, seine ganze Energie zu zügeln und in reduzierten Bewegungen auszudrücken, die mit Glamour und dem Ehrgeiz eines jungen Schauspielers nicht viel zu tun haben.

Gere spielte mit Bravour. Die Darstellung brachte ihm eine Menge Aufmerksamkeit ein. Und noch wichtiger: Er hatte im Direktor der Bühne, in Wynn Handman, einen Coach gefunden, der ihm bei seinem weiteren Weg über die Theaterbretter eine entscheidende Hilfe sein sollte.

Nach diesem Auftritt beschleunigte sich seine Karriere. Gere machte die Erfahrungen, die jeder junge Schauspieler macht, der in New York eine Hauptrolle spielt – gleich an welchem Theater, ob Broadway oder Off-Broadway. Er war im Gespräch bei Nachtschwärmern, Künstlern und – den Kritikern. Wenn er jetzt nicht patzte, konnte sich seine Laufbahn geradlinig entwikkeln.

Wieder einmal zeigte sich, daß die Methode »Learning by doing« goldrichtig für Geres Temperament war. Und er hatte das Glück, in Wynn Handman einen Lehrer gefunden zu haben, der viel praktische Theatererfahrung mit der Fähigkeit zur Einfühlung in einen jungen Schauspieler verband.

Das »American Place Theatre« war ein Glücksfall. Gere lernte den »richtigen Ton«, wie er später erzählte. Für einen Schauspieler, der unbedingt bald Shakespeare spielen wollte, war das unbedingt nötig – wenn er

nicht wie eine billige Kopie von Richard Burton oder Laurence Olivier klingen wollte, also wie die Gurus unter den Shakespeare-Darstellern.
Für einen Amerikaner war es besonders schwierig, diesen Shakespeare-Ton zu finden, und Wynn Handman half Richard Gere auf diesem Weg. Der Theatermann war praktisch die einzige Instanz, die Gere jemals in der Absicht besuchte, Schauspielunterricht zu nehmen. Für das Drücken einer Schulbank, auf der die »richtige« Weise des Schauspielens gelehrt wurde, fühlte sich Richard Gere inzwischen zu lebenshungrig, zu praxisorientiert.
Auch das berühmte »Actors' Studio«, zu dem viele Schauspieleleven pilgerten, lockte ihn nicht. »Method Acting« hieß das geflügelte Wort für das System, mit dem an dieser renommierten Schule gelehrt wurde. Der erste Schauspieler, der die Methode angewandt hatte, war John Garfield gewesen, der Star des »Group Theaters« von Elia Kazan und Lee Strasberg in den 30er und 40er Jahren. Garfields Darstellung in Filmen wie »The Postman always rings twice« (1946) nahm einen Marlon Brando vorweg, der endgültig mit »Endstation Sehnsucht« (1951) Furore machte und einen James Dean in »Jenseits von Eden« (1954), beides Filme unter der Regie von Elia Kazan.
Die Vorstellung von Wahrheit in der Methode des »Actors' Studio«, nach dem Motto: »Zeig' es nicht nur, sondern tu es!«, zwingt den Darsteller zum absolut biographisch orientierten Einsatz. Die Methode ent-

fernte die schauspielerische Darstellung völlig von der bis dahin geltenden Regel, theatralisch, also an Theater und Literatur orientiert, zu agieren.

Leben statt Literatur, hieß die Devise. Einer solchen Lehre zu widerstehen – die verlangte, daß der Künstler mit Körper und Seele zugleich spielte wie mit einem Instrument – gelang nur wenigen.

Richard Gere blieb skeptisch gegenüber diesem Schauspielstil, der von dem großen Theatermacher Stanislawski aus der russischen Revolutionszeit nach Nordamerika gebracht worden und von Strasberg und Kazan dann aufgegriffen worden war. Wenn er mit jungen Schauspielern sprach, die bei Strasberg lernten, so redeten sie alle über dieselben Sachen, über ganz simple, grundlegende Dinge, die jeder Schauspieler instinktiv ohnehin tut.

Gere war gegen Techniken, die ein Schauspieler vorzeigt, als wäre es ein Markenartikel, er war eher dafür, seinen Job zu tun. Allerdings: »Wenn ein Schauspieler nicht an seine emotionalen Grundlagen herankommt, kann eine bestimmte Technik durchaus die Funktion haben, die seelischen Erinnerungen freizulegen. Oder zumindest helfen, das zu erreichen«, sagte er einmal. »Ich glaube aber, diese Dinge passieren instinktiv. Wenn jemand ein Schauspieler ist, ist er offen für seine früheren Erfahrungen – um diese auszudrücken, ist er ja Schauspieler geworden! Die Schauspielerei ist für ihn eine Art Metapher, um zu einem Abschluß zu kommen mit dem, was seine Erfahrungen ausmachen.«

Wie auch immer, Richard Gere mied das »Actors' Studio« und versuchte statt dessen, auf den kleinen Bühnen des Village seinen Ausdruck zu finden.
Als Garry Bostwick (der später den Brad Majors in dem Kultfilm »The Rocky Horror Picture Show« spielte) seinen Platz am Broadway in dem Musical »Grease« räumte, rückte Richard Gere sofort nach. Darüber hinaus kreierte er die Rolle für die darauffolgende Londoner Produktion. Er hatte maßgeblichen Anteil daran, daß »Grease« in beiden Städten zu einem gigantischen Erfolg und daraufhin auch als Film, mit John Travolta in der Hauptrolle, herausgebracht wurde.
Mit diesem Erfolg war Gere am Broadway gelandet!
Während der Aufführungen in London war Richard Gere nicht untätig. Er lernte die Macher des renommierten Shakespeare-Nachwuchs-Theaters »Young Vic« kennen und angelte sich die Rolle des Christopher Sly in einer Produktion des Stückes »Der Widerspenstigen Zähmung«.
In dieser Zeit seiner langsam, aber sicher, anlaufenden Schauspieler-Karriere war Richard Gere ein wahres Energiebündel und nur noch für das Theater unterwegs.
Einen seiner größten Theatererfolge erzielte er mit dem Stück »Bent«. Er spielte in dem Drama von Martin Sherman einen jungen Homosexuellen, der 1934 in einem Konzentrationslager von den Nazis gefoltert und erniedrigt wird. Mit Stoppelbart und kurzgeschorenem Schädel gab Gere eine beängstigend eindringliche

Darstellung. Er spielte den Part nicht weniger als drei Jahre in New York – allerdings mit Unterbrechungen. Niemals arbeitete er wieder so hart wie für diese Theateraufführung. Und niemals wieder machte er – live vor dem Auditorium – wieder eine so seltsame Erfahrung.
Eines Abends nämlich – die Aufführung lief bereits und Gere war auf der Bühne – begann das Publikum zu lachen. Richard Gere war völlig verunsichert. Warum lachten die Leute an Stellen, die dafür nicht vorgesehen waren? Vor allem im zweiten Akt, in dem es einige heikle, erotische Szenen gab, lachten sie immer häufiger. Der zweite Akt hatte zwar durchaus einige Pointen – aber das Publikum lachte an anderen Stellen. Gere verstand das nicht, aber er konnte schließlich nicht das Spiel unterbrechen und fragen.
Nach der Aufführung fragte er den anwesenden Autor Martin Sherman. Der wußte auch keine Antwort. Voller Erwartung ging Gere am nächsten Abend auf die Bühne. Das Publikum reagierte völlig anders, so normal, wie es Sherman im Text vorgesehen hatte. Vielleicht standen die Sterne an diesem Abend in Greenwich Village besonders extrem – Gere fand es nie heraus. In den drei Jahren, die er in »Bent« auftrat, hat er derart seltsame Reaktionen nie mehr erlebt.
Es waren Erlebnisse dieser Art, die Gere lehrten, das Theater zu lieben und es anders zu lieben als die Cinematographie. Es war die direkte Reaktion des Publikums, die das Theater so unvergleichlich machte.

»Wenn du einen Film drehst«, sagt Richard Gere, »lacht niemand. Wenn einmal die Crew lachen oder applaudieren sollte, dann ist immer ein Fehler passiert. Du mußt dann diesen Lapsus schnell abstellen. Im Theater ist das völlig anders. Die Leute lachen, und du mußt diese Reaktion mit in das Timing deines Spiels einbauen, das ist nicht ganz einfach.«

Als Gere von London nach New York zurückfuhr – der Dauerbrenner »Grease« in London hatte inzwischen die Besetzung gewechselt –, konnte seine Agentin, der Engel Judy Lamb, ihm einen Leckerbissen offerieren.

In Joseph Papp's Produktion am »Lincoln Center« sollte Gere in Shakespeares »Ein Sommernachtstraum« auftreten. Und nicht nur das – Judy hatte inzwischen Kontakt aufgenommen mit Marion Dougherty, der Besetzungs-Direktorin der »Paramount Pictures«, die den Terrence Malick-Film »In der Glut des Südens« zu besetzen hatte. Judy schaffte es und kaufte Gere für die Produktion ein. Der Jungschauspieler hatte zwar schon zweimal kurz vor der Filmkamera gestanden, in »Operation Undercover« (1975) und »Baby Blue Marine« (1976), aber das waren nur kleine Auftritte gewesen. Die größere Nebenrolle im Malick-Film versprach einige Reputation.

Fernsehen

Auch das Fernsehen war inzwischen neugierig geworden auf den jungen Schauspieler, der sich in der New Yorker Theaterszene so rührig bewegte. Richard Gere war zwar nicht besonders wild darauf, vor eine Fernsehkamera zu treten, aber vermeiden ließ sich das – im Mutterland des Fernsehens, gewissermaßen – auf die Dauer nicht.

Mit einem winzigen Auftritt hatte er schon Erfahrungen gesammelt, und nicht unbedingt ermutigende.

In einem »Marlo Thomas Special« hatte er eine Zeile sprechen sollen, die lautete: »Hello!« Als es dafür Zeit war, war der Schauspieler wie gelähmt. »Ich war so verwirrt, so verunsichert, hier zu stehen«, erinnerte er sich später, »wahrscheinlich war ich von vornherein überzeugt, daß ich hier nichts zu suchen hatte. Sie versuchten vier weitere Takes zu machen – und ich war einfach unfähig, meinen kärglichen Text zu sagen. Also strichen sie mich.«

Bei einer weiteren, der einzig weiteren Gelegenheit, überredete man Richard Gere, zu einem Interview mit

Gene Shalit in der Sendung »Today« zu erscheinen. Das Interview wurde zum Fiasko, aber Gere überstand es und konnte hinterher darüber lachen.
»Ich wußte nicht«, erinnerte er sich, »warum ich dort auftrat und was ich erwartete. Dementsprechend war ich egozentrisch, fast hysterisch. Die Stimmung war feindselig. Sie machten zwei Aufnahmen, eine schlimmer als die andere.«
Gere hatte damit seinen Ruf als schwieriger, launischer junger Mann weg. Einige Zeit später, als der Schauspieler schon bei den Dreharbeiten von »Yanks« war, nahm sich der Kolumnist Rex Reed noch einmal dieses Image vor. Er schrieb:
»Wenn Richard Gere nicht arbeiten kann, versteckt er sich in seinem Hotelzimmer – vergleichbar mit der reizbaren Greta Garbo, die ihre Rollenvorbereitungen stets mystifizierte. Er ist sehr exzentrisch. Wenn er nicht aufpaßt, wird bald keiner mehr Notiz von ihm nehmen.«
Richard Gere äußerte sich danach mehrfach zu seiner Gewohnheit, während der Dreharbeiten eher die Zurückgezogenheit zu suchen. »Ich bin dann«, sagt er entschuldigend, »ganz in der Rolle, ich lebe darin. Ich bin nur noch die Figur, die ich spiele. Jedes Heraustorkeln aus dieser Situation ist ein Schock für mich – konfrontiert zu werden mit meinem anderen, meinem wirklichen Ich. Inzwischen habe ich zwar gelernt, das Schauspielern als einen normalen Zweig des Geschäfts zu sehen und mich auch der Öffentlichkeit zu präsentieren – aber leicht ist das für mich immer noch nicht.«

Richard Gere in seiner ersten großen Kinorolle, »In der Glut des Südens«, einem Film, der jedoch erst nach »Auf der Suche nach Mr. Goodbar« in die Kinos kam

Der Schauspieler in »Auf der Suche nach Mr. Goodbar« als brutaler Lover von Diane Keaton

Als Zack Mayo in »Ein Offizier und Gentleman« (mit Louis Gossett Jr.)

Mit Diane Lane in »Cotton Club«

Was das Fernsehen angeht, übernahm Richard Gere, obwohl die Erfahrungen mit diesem Medium alles andere als ermutigend für ihn waren, eine Rolle in einem Spielfilm. Das war im Jahr 1974. Der Film trug den Titel »Strike Force«, Regie führte Barry Shear, ein versierter Fernsehmann. Gere sollte darin einen Polizisten der New-York-State-Police spielen, der zu einem Sonderkommando stößt.

Die Rolle war für einen Newcomer ergiebig, wenn auch in der Rückschau nicht gerade ein Meilenstein in der Karriere von Richard Gere. Aber sie hatte zwei Vorteile: Sie beseitigte seine Angst vor den Fernsehproduktionen, und sie machte ihn bei einem Millionenpublikum bekannt.

Als Walter Spencer in »Strike Force«

Richard Gere in einer frühen Nebenrolle als Polizist Walter Spencer. Der für das Fernsehen produzierte Film schildert die Arbeit einer grenzüberschreitenden polizeilichen Spezialbehörde, in der Bundespolizei und Stadtpolizei zusammenarbeiten, um schwere oder besonders heikle Verbrechen aufzuklären.
Spencer kommt vom Hauptquartier der »New York State Police«, also einer ländlichen Behörde, zu dieser Spezialeinheit, um zwei Morde aufzuklären. Er hat die beiden Toten gefunden.
Richard Gere tritt auf. Er sieht aus wie ein verspäteter Cowboy. Breitkrempiger, hoher Hut, graublauer Anorak mit Pelzkragen, graublaue Hosen, graublaues Hemd, schwarzer Schlips. Er hat zunächst nicht viel mehr zu sagen als: »Ja, Sir!«, und versucht das so ausdrucksstark wie möglich zu tun. Die Kamera erfaßt ihn fast durchweg in der zweiten Reihe. Er ist nicht der Star des Films. Das ist nach Lage der Dinge und nach dem Konzept seiner Rolle auch verständlich. Denn in den ersten Szenen wirkt er eigentlich fehlbesetzt.

Schlaksig geht er durch die Bilder, sein Gesichtsausdruck schwankt zwischen Verdutztsein und Nichtsdenken. Er lächelt wie ein scheues Kaninchen, das seine Beißzähne entblößt, um den Hunden zu imponieren. Er sieht blutjung aus. Richard Gere in »Strike Force«: Nicht mehr und nicht weniger als ein Hollywood-Kleiderständer, der die Uniformen eines County-Polizisten aus der Requisitenkammer vorführen muß.
Immerhin, wenn er seinen Diensthut abnimmt, kommt darunter eine erstaunliche Rock'n'Roll-Frisur zum Vorschein, hochfrisiert, Strähnen in die Stirn, ölig. Und wenn er ein bißchen ermitteln darf, tut er das durchaus geschickt. Nach einer knappen Viertelstunde rückt ihm die Kamera immerhin so nahe, daß man sein Gesicht in einer halbnahen Einstellung gründlich studieren darf.
Die »Strike Force« richtet ein Headquarter ein. Bestes technisches Material zur Überwachung der Verdächtigen wird angeliefert. Es scheint nicht nur um zwei gewöhnliche Morde zu gehen, sondern um Größeres. Richard Gere schleppt ein telefonisches Abhörgerät herum und freut sich wie ein Kind über sein Spielzeug. Während der Dialoge steht er weiterhin am Bildrand, nun aber nicht mehr dauernd in der zweiten Reihe. Zwischen den Sätzen, die er zu sagen hat, fallen ihm ein paar Bewegungen ein, die seine Rolle etwas charakteristischer gestalten. Er ist begabt genug, seine Figur nicht nur über die Dialoge laufen zu lassen, er versucht sein Bestes, um sie mit typischer Gestik auszufüttern. Aber das ist schwer genug in einem TV-Film, der

sich auf die Dialogliste stützt und nicht auf Darsteller oder Schauplätze, an denen sich diese entfalten könnten.

Nach einer knappen halben Stunde sehen wir Richard Gere erstmals in einer Großaufnahme. Langsam aber sicher gewinnt er – zumindest vorübergehend – Terrain. Sein Gesicht scheint dem Kameramann zu gefallen, es prägt sich ein.

Bei einer darauffolgenden Recherche vor Ort, entwikkelt Gere dann weitere Qualitäten. Er muß sich an ein verdächtiges Haus heranschleichen, und man kann seine Beweglichkeit bewundern. Der schlaksige, großgewachsene Gere läuft besser als ein normaler Polizist im Dienst, seine Bewegungen wirken sofort irgendwie erotisch. Er weiß aus einem Gang etwas zu machen.

Die beiden Ermordeten aus der Eingangssequenz, ein gewisser Tommy und ein gewisser Archie, wurden umgebracht, weil sie einem Mafioso Milchzucker statt Heroin verkauften. Das »Strike Force«-Kommando kommt langsam hinter diese Wahrheit, und Walter Spencer alias Richard Gere leistet dazu seinen Beitrag durch saubere Beschattungsarbeit.

Er beschattet und beschattet, im Auto sitzend. Statt ihn die Regie in Bewegung setzt, um seinen attraktiven Gang zu nutzen, muß er durch die Windschutzscheibe starren. Autofahren kann er immerhin, aber wenn er am Ziel ist, steigen nur seine beiden Kollegen aus, um die Verdächtigen zu verfolgen. Spencer bleibt im Auto und die Kamera verläßt ihn. Eine Zeitlang wird nur noch über ihn geredet, er erscheint nicht im Bild. Angeblich recherchiert er irgendwo.

Erst als der Film wieder Fahrt gewinnt, die Handlung sich zuspitzt und die Schauspieler engagierter spielen, taucht auch Gere wieder auf. Reines Heroin im Wert von sieben Millionen Dollar ist aus der Asservatenkammer der Polizei verschwunden, jetzt lagert dort nur noch Milchzucker. Den Bullen stehen die Haare zu Berge. Und Spencer kostet das ein belustigtes Lächeln. Dieser Walter Spencer darf sich danach profilieren als Einrichter von Überwachungsanlagen, die jetzt gegen die Polizei selbst eingesetzt werden. Richtmikrofone, Videokameras, Wanzen – Spencer begutachtet sein Werk und grinst stolz. In dieser Szene sieht Richard Gere – in schwarzer Kleidung, das Pistolenhalfter lässig umgehängt – richtig sexy aus. Ein Mann mit Sex-Appeal zwischen Bürokraten. Auch in dieser Hinsicht wirkt er hier reichlich fehlbesetzt.

Richard Gere ist und bleibt passiv und indifferent. Er sondert Sätze ab und sitzt irgendwo herum. Ein paar seiner ganz kleinen persönlichen Manierismen sind allerdings bereits zu sehen. Er grinst auf seine spezielle Art, schaut lange aus dunklen Augen, schüttelt belustigt den Kopf, bewegt sich völlig entspannt. Seine Figur wirkt befremdlich, irgendwie unstimmig. Und der Schauspieler ist dafür überqualifiziert.

Das hat durchaus Methode. Denn langsam aber sicher nährt der Film einen gewissen Verdacht gegen diesen befremdlichen Bullen. Verbirgt der sympathisch ausse-

hende, sympathisch sprechende, sich hübsch bewegende Junge irgend etwas?
Nein, er ist zu nett. So nett und indifferent, daß die Regie ihn einfach als Umweg benutzt, um Zeit zu schinden. Der Verdacht gegen ihn legt sich schnell wieder. Aber es sind zehn Filmminuten gewonnen.
Auf der Müllhalde vor den Toren New Yorks kommt es zum Showdown. Die Polizei ist endlich den richtigen Tätern auf der Spur, und Richard Gere darf endlich einmal hinlangen. Er stürzt sich auf einen Mafioso, als könne er dadurch den ganzen Frust über die wenig ergiebige Rolle, die jedoch immerhin seinen Karrierestart ankündigt, auf einmal entladen.
Die abschließende Sequenz ist ziemlich rauh und schmutzig. Die Müllsäcke New Yorks spielen jetzt die Hauptrolle. Und Walter Spencer kann seinen ganz speziellen Mafioso endlich unschädlich machen.

Hollywood ruft einen Unbekannten

Bevor Richard Gere eine neue Rolle akzeptiert, quält er sich damit immer aufs Neue. Sein Agent Ed Limato kann davon ein Lied singen.

»Er klingelte mich manchmal um drei Uhr früh aus dem Bett, nur um mit mir darüber zu diskutieren, was er tun sollte. Ich kenne keinen anderen Schauspieler, der sich derart ernsthaft mit einer Rolle auseinandersetzt!«

Die vergrübelte Ernsthaftigkeit des jungen Schauspielers brachte natürlich den Vorteil mit sich, daß er eine ganz genaue Vorstellung hatte von dem, was zu spielen war, wenn er den Part schließlich annahm.

Es dauerte drei Monate, bevor Gere dem Regisseur Terry Malick für »In der Glut des Südens« zusagte. Bezeichnenderweise war die ausschlaggebende Überlegung gewesen, daß der Regisseur keinen Wert auf große Namen legte.

Malicks Vorstellung von der Dreharbeit war getragen davon, mit »heißen« Newcomern zu arbeiten, die ihren ganzen Spielhunger einbrachten und deren Gesicht noch von keiner konventionellen Typage verbraucht

war. Es spricht für Richard Gere, daß er die Rolle annahm, weil seine hauptsächliche Qualifikation darin bestand, noch unbekannt zu sein. So begründete Malick das Engagement, und so akzeptierte es der Schauspieler.
Die Arbeit an »In der Glut des Südens« wurde kein leichter Prozeß. Und ganz anders, als Richard Gere es sich vorgestellt hatte.
»Der Film, den wir drehten«, erinnerte sich Richard Gere später, »entsprach nicht dem Script, das ich gelesen hatte. Terry Malick ist ein Poet und inspiriert sich vor Ort. Er ist manchmal an den Bildern mehr interessiert als am Spiel seiner Akteure. Er brachte es zum Beispiel fertig zu sagen: ›Die Szene, die wir jetzt drehen ist etwa wie ein Wind, der durchs offene Fenster weht‹. Und ich antwortete dann: ›Alles klar, ich versuch's‹. Und wir drehten weiter, Take und Take, Szene für Szene – und es klappte! Malick schwebte immer ein Moment der Wahrheit vor, und damit schmiß er alles um, was ich je erwartet und gelernt hatte.«
»Wahrheit« ist manchmal eine sehr individuelle Angelegenheit und kann eine sehr kreative Erfahrung sein. Richard Gere jedenfalls sagte jedem, der es hören wollte, daß er »sehr stolz« auf den Film sei. Und daß Regisseur Malick das Letzte aus seiner Crew herausgeholt habe, daß »Terry unglaublich gut sei«.
Malick hatte »In der Glut des Südens« inszeniert wie eine psychologische Studie, in wunderschönen Bildern. Ein Film voller Stimmungen und gelungener atmosphä-

rischer Details. Und er verstand es, obwohl man ihm vorwarf, mit seinen Darstellern nicht ausreichend kommuniziert zu haben, diese zu optimalen Leistungen zu führen – vielleicht gerade deshalb, weil er ihnen Platz zur Improvisation ließ. »In der Glut des Südens« wurde ein Film der großen Visionen.

Der instinktsichere Film eines Visionärs der Bilder, der während der Arbeit – nach Aussagen seiner Mitarbeiter – oft nicht begründen konnte, warum etwas gut war, aber er wußte genau, wann etwas gut oder schlecht war. Malick besitzt sehr feine Antennen für Wirkung und Stimmungen, kümmert sich manchmal einen Dreck um die Dramaturgie, ist mehr an dem, was er »Atem des Lebens« nennt, interessiert – und hat immer recht.

Der Film wurde stark beachtet, allerdings ein Jahr lang zurückgehalten. Und auch Richard Gere, der hier seine erste große Rolle ablieferte, fand positive Kritiken.

Gleich nach dem letzten Drehtag kam die Agentin Judy Lamb zu Gere und bot ihm eine weitere Filmrolle an. Es handelte sich um Richard Brooks' Verfilmung von »Auf der Suche nach Mr. Goodbar«.

Nach den dreimonatigen Anstrengungen der Dreharbeiten mit Terrence Malick kam Gere der neue Auftrag gerade recht. Doch er kam vom Regen in die Traufe, denn der Regisseur Brooks war – zumindest in den Augen des jungen Akteurs – noch schwieriger als Malick. Brooks weigerte sich, Gere das Drehbuch des Films zu geben. Er erklärte ihm die groben Linien und gab ihm

seinen Dialogtext, fertig. Gere glaubte zu träumen, aber Brooks ließ sich nicht zu langen Diskussionen mit seinem jungen Schauspieler herab. Es war eben sein Weg, einen Film zu machen – und er hatte viel Erfahrung mit Schauspielern.
Der Erfolg gab ihm recht. »Auf der Suche nach Mr. Goodbar« wurde Richard Geres großer Sprung nach vorn auf dem Weg zum Star. An der Seite der aparten Diane Keaton konnte er seinen phänomenalen Sex-Appeal ausspielen. Der Film erregte im Jahr 1977 einiges Aufsehen – nicht zuletzt wegen der gewagten Bettszenen, in denen Diane Keaton und ihr brutaler Leinwand-Lover Richard Gere zu sehen waren.
Anmerkung am Rande: Geres Erstling »In der Glut des Südens« kam erst heraus, als sich der Erfolg von »Auf der Suche nach Mr. Goodbar« herausgestellt hatte. Deshalb gilt oft letztere als seine erste Filmhauptrolle, was den Tatsachen jedoch nicht entspricht. Die Marktpolitik der Verleihfirmen erklärt die Unstimmigkeiten in einigen Filmographien, die die Chronologie umdrehen.
Wie auch immer: Damit war eine Filmkarriere in Gang gekommen, die anscheinend nicht mehr zu stoppen war. Richard Gere hatte zwar schauspielerisch noch nicht alles gegeben, aber sein Charisma war über die Leinwand gekommen. Das Charisma eines Mannes mit Star-Appeal.
In seiner folgenden Filmarbeit konnte er beweisen, daß er auch zu guten schauspielerischen Leistungen in der

Lage war, wenn er einmal nicht auf der Theaterbühne stand, sondern vor laufender Kamera.
Der Film sollte den Titel »Bloodbrothers« tragen (irreführender deutscher Titel: »Heißes Blut«), und Robert Mulligan führte die Regie. Richard Gere war für die Rolle des Stony De Coco vorgesehen, eines italienischen Proleten, der seine Profession in der Kinderbetreuung findet.
Regisseur Robert Mulligan, ein 1926 in der New Yorker Bronx geborener Polizistensohn, war bis dahin hauptsächlich mit TV-Produktionen aufgefallen, beispielsweise mit »The Moon and Sixpence«, für die sein Hauptdarsteller Laurence Olivier einen »Emmy Award« gewonnen hatte.
Mulligan war sofort begeistert von der Idee, einen Stoff zu verfilmen, der in seinem Geburtsviertel, in der Bronx, spielen sollte. Vor Ort also, zwischen Pelham Bay Park und Bruckner Boulevard. Für Mulligan war der Stony de Coco die Rolle, auf deren Präsentation er sich hauptsächlich konzentrierte. Gere, der die Rolle übernahm, sah das nicht so. Er fand den Part von Tony Lo Bianco, der im Film seinen Vater spielt, bedeutsamer für die dramaturgische Struktur des Films.
Mulligan führte Richard Gere wie seinen eigenen Sohn in den Film ein. Er verstand die Rolle instinktiv genau. Wie Stony de Coco hatte Mulligan selbst eine depressive Kindheit erlebt und sich im gleichen Alter wie die Filmfigur – zwischen 18 und 21 Jahren – befreit. Und Richard Gere hatte sich die gleichen Fragen wie Stony

de Coco gestellt, als er die High School verließ: »Was mache ich nun mit dem Rest meines Lebens?«

Stony de Coco, wie Mulligan ihn sah, ist ein Junge ohne Traum, der nicht weiß, was er will. Er weiß nur, daß er aus dem Käfig seiner sich ewig streitenden Familie ausbrechen und damit auch seinen Vater enttäuschen muß, für den der Sinn des Lebens ist, daß er eines Tages die Gewerkschafts-Karte erhält – für sich, und danach für seinen Sohn.

Mulligan besetzte als erstes die beiden wichtigsten Rollen neben Richard Gere mit Tony Lo Bianco und Paul Sorvino, beide italienischer Abstammung. Sie garantierten sozusagen das authentische Lokalkolorit der Besetzung. Dann kam Lelia Goldoni dazu, die die Mutter von Stony zu spielen hatte – eine Idealbesetzung.

Danach wurde es schwierig. Der Stony war noch nicht besetzt. Woher einen jungen Schauspieler nehmen, der diese Rolle ausfüllen konnte?

In einem Gespräch mit der amerikanischen Zeitschrift »Films Illustrated« (»The Magazine that loves Movies!«) schilderte Mulligan die Besetzung Richard Geres so:

»Nachdem ich Tony und Paul engagiert hatte, die sich beide gut und lange kannten – sie kamen vom New Yorker Theater, wohnten in Brooklyn wenige Blocks voneinander entfernt, hatten den gleichen gesellschaftlichen Hintergrund –, trafen wir uns in einem italienischen Restaurant. Ich saß da und zerkrümelte das Brot. Sie bestellten und redeten, ich aß. Wir tranken

eine Flasche Wein. Es war wie hinterher im fertigen Film – eine italienische Stimmung.
Plötzlich kam Richard Gere herein. Tony hatte ihn bestellt. Ich kannte ihn von ein, zwei Begegnungen zuvor. Richard war ein stattlicher junger Mann, aber Tony behandelte ihn wie einen kleinen Jungen. Tonys Trick war, ihn vor meinen Augen so zu behandeln, wie er im Film seinen Sohn behandelte. Und Richard erlaubte das und spielte die Szene mit. Es war erstaunlich. Gere spielte die Szene perfekt durch, auch gegenüber Paul und der ebenfalls anwesenden Lelia. Nur ein sehr begabter Schauspieler konnte das.
Als die Show zu Ende war, begriff ich und engagierte Richard Gere für die Rolle.«
Und so spielte Richard Gere den Typ aus der Bronx, für den er nicht gerade prädestiniert war, den er aber mit kraftvoller Einfühlung in dessen vibrierendes, körperbetontes Lebensgefühl interpretierte:

Als Stony de Coco in »Heißes Blut«

Fiebrig sitzt er am Tresen einer Disco und sieht den tanzenden Mädels zu. Es ist ihm förmlich anzusehen, daß er ein dringendes Bedürfnis hat. Aber welches?

Stony de Coco ist ein junger Prolet, der ganz aus dem Bauch heraus lebt. Er trägt taillenbetonte Oberhemden, die er über der Brust offen läßt, ein Goldkettchen um den Hals, enge Flanellhosen und spitze Schuhe. Sein Haar ist kurzgeschnitten und in Wellen nach hinten gekämmt. Er läßt gern die Muskeln spielen. Und wenn er redet, dann am liebsten über Sex und Frauen. Ein Sohn der Arbeiterklasse eben.

Und ein »Spaghettifresser« noch dazu, so jedenfalls betiteln ihn die ebenfalls rauhen Proleten seiner Umgebung, sämtlich Einwanderer. Stony, der 19jährige Sohn einer italienischen Kleinbürgerfamilie, zeigt alle Attribute eines potenten jungen italienischen Mannes. Aber im Gegensatz zu seinen älteren Kumpels zeichnet ihn eine Empfindsamkeit und Sensibilität aus, die schon seinem Gesicht anzusehen ist.

Stony ist ein smartes, nettes Bürschchen, nicht mehr

und nicht weniger. Daß mehr aus ihm wird, verhindern schon die beiden älteren männlichen Familienmitglieder, sein Vater und sein Onkel, die sich beide penetrant um ihn kümmern. Sie behandeln ihn bewußt provozierend und eigentlich ohne böse Absicht als das, was er ist: der Jüngere.

Sie labern ihn mit ihren ordinären, erotischen Erfolgsstorys voll, sie saufen, huren und schlagen sich – und protzen damit vor ihm. So wird Stony schwer erwachsen. Denn sein Onkel und auch sein Vater stehen als vulgäre Idole rechts und links gewissermaßen breitbeinig vor ihm und blähen sich autoritär auf. Und seine ohnmächtige Mutter nervt ihn mit frustriertem Hausfrauengetue.

Wenn er morgens aus der Dusche kommt, inszeniert sich dieser Mann in Gestalt von Richard Gere allerdings auf eine Weise, die sich später geradezu zu einer Kunstform entwickeln soll. Er erscheint mit nacktem Oberkörper, die oberen Knöpfe seiner Jeans stehen so weit offen, daß man den Ansatz seines Slips sieht – oder zumindest ahnen soll. Eine Zigarette hängt zwischen seinen Lippen, sein Gesichtsausdruck ist cool.

Das erotische Flair seiner schlanken, hochgewachsenen Gestalt steht im bewußten Kontrast zum stockigen Unterwäsche-Glamour seines Vaters, der am Frühstückstisch herumhängt wie ein Hausmeister: mit Unterhose, Unterhemd, Socken. Man riecht förmlich sein billiges Rasierwasser.

Richard Gere sprengt die Szene mit seiner starken körperlichen Präsenz. Er bringt Flair in die Küche. Aber schon beginnt der Film-Vater an ihm herumzunörgeln, zieht ihn an den Haaren, stopft ihn mit aggressiven Ratschlägen voll, drückt ihn dann mit der flachen Hand wie ein lästiges Insekt einfach weg – da beginnt Stony wieder zu schrumpfen.

Aus dem Mann mit Sex-Appeal wird schnell wieder der heranwachsende, orientierungslose Sohn einer sich ständig streitenden, italienischen Familie, der rein gar nichts zu melden hat, sondern nur seinen Vater bewundern darf.

Für die Fans von Richard Gere sind diese Szenen in der ersten Hälfte des Films ein Schock. Sie müssen erleben, wie ihr Darsteller von der Filmhandlung in die Enge getrieben wird, wie er jede Möglichkeit der Entfaltung verliert.

Das ist um so schockierender, als Gere in Sequenzen, die ihn im Mittelpunkt zeigen, die ihm Spielraum lassen, sofort wieder seinen kraftvollen Sex-Appeal aussendet. Die Spannung zwischen persönlicher Aura und Beschneidung seiner darstellerischen Ausdruckskraft wird immer stärker. Der Film von Robert Mulligan benutzt diese Tatsache sehr klug, um die künftigen Konflikte vorzubereiten und auch ästhetisch zu motivieren.

Wenn die Familie Sonntagsausflug macht, nimmt Stony den kleineren Bruder Albert an die Hand. Und bei einer Besichtigung des städtischen Friedhofs, zerren ihn die – erwachsenen, aber eigentlich infantilen –

Männer auf den Rasen und versohlen ihm den Hintern. Der achtjährige Bruder Albert muß ihn »retten«.
Inmitten seines Clans kommt dieser Mann also einfach nicht auf die Beine, er wird immer nur als kleines Teil eines Getriebes gehandelt, an dem die beiden Machos der Familie, Chubby, der Onkel, und sein Vater Tommy de Coco, drehen. Sie drehen gutwillig und ohne Arg, aber sie drehen unaufhörlich, sozusagen in unbarmherziger Liebe zu allen Familienmitgliedern und zu Stony insbesondere.
Stony, das versteht sich beinahe von selbst, ist nicht gerade das, was man einen sozialen Aufsteiger nennen könnte. Er hat schon diesen und jenen Job gehabt, aber alles, was er wirklich wollte, ist bis jetzt daneben gegangen. Über einen saisonalen Kartonstapler im Supermarkt ist er nicht hinausgekommen.
Allerdings war er einmal einen Sommer lang Betreuer in einem Ferienlager. Er mag Kinder. Und man sieht auch sofort, daß er mit den Kleinen gut zurechtkommt. Wenn Stony von Kindern erzählt, bekommt sein Gesicht ganz weiche Züge. Er lächelt nett. Fünfzehn Siebenjährige zu betreuen, das kann er, und das beruflich zu tun, wäre sein Ideal. Und schon bietet ihm ein Arzt einen Job als Betreuer in der Kinderstation des Krankenhauses an.
Während Stony weiter von seinen Idealen erzählt und Richard Gere ihm sein junges Gesicht leiht, bekommt der Zuschauer den Eindruck, daß dieser Mann sich plötzlich sprunghaft entwickelt. Er begreift schnell, und

die Lernprozesse spiegeln sich deutlich in seinem offenen und sympathischen Gesicht.
Stony de Coco lernt, sich zu entscheiden. Das bedeutet jedoch, daß er sein erwachendes Selbstbewußtsein gegen die Familie verteidigen muß. Und das spielt Gere gekonnt.
Er geht in T-Shirt und Jeans in der gemeinsamen Wohnung hin und her, immer in halber Annäherung an die anderen Familienmitglieder und in halber Flucht. Er schaut in die Zimmer, geht weiter, kehrt zurück. Sein Körper ist in dauernder Bewegung, so drückt er die innere Unruhe und Spannung aus. Wie soll er seinem Vater beibringen, daß er im Sommer nicht auf dem Bau arbeiten, sondern Kinder im Krankenhaus betreuen will? Unmöglich!
Also nimmt er seine Gänge durch die Wohnung wieder auf. Noch nicht reif genug, um sich einem entschiedenen, ernsthaften Gespräch mit den Eltern zu stellen. Aber auch nicht mehr unselbständig genug, um sich in seinem eigenen Zimmer zu verkriechen.
Sein Vater baut sich vor ihm auf und will sein Bestes. Aber Stony will es ihm nicht mehr geben. Er will es für sich behalten, um daraus Energien für seine eigene Veränderung zu schöpfen.
Der Konflikt zwischen dem Macho-Vater und dem Sohn, der so nicht werden will, aber nach Papas Willen werden soll, entwickelt sich mit Blicken, Gesten, Worten in aller Stille. Und plötzlich bricht er aus, entlädt sich in Gewalt, allerdings in gebremster Gewalt, die

schnell wieder abflacht. Denn wie soll das Familienleben weitergehen, wenn man die latente Gewalt zwischen den Menschen einmal wirklich offen ausbrechen läßt? Der Film beantwortet diese Frage am Schluß negativ.

Mühsam bändigt Stony seine Wut über den uneinsichtigen Vater, der ihn nicht als Kinderbetreuer arbeiten lassen will. Gere steht mit dem Rücken an der Wand seines Zimmers, sein Gesicht zuckt, seine Muskeln beben – aber er rührt sich nicht. Das ist ganz konzentriert gespielt, ein schönes Beispiel von zurückgenommener, verhaltener Schauspielerei und ganz das Gegenteil von extrovertierter Virtuosität, mit der andere Darsteller das wahrscheinlich spielen würden.

In der weißen Kluft der Krankenhaus-Angestellten macht Stony eine gute Figur, man könnte ihn glatt für einen jugendlichen Chefarzt halten. Aber dieser Halbgott in Weiß ist nur ein kleines Licht. Wenn auch eins, dem die Kinder vertrauen.

Er erzählt den Kleinen Geschichten, und sie hören ihm gebannt zu. Während er das tut, probiert Richard Gere neue Gesten aus. Nicht jeden Tag spielt er einen Kinderbetreuer. Er unterstreicht seine Worte mit großen Gesten, so werden seine Storys plastisch. Und die Kinder können die Pantomime mühelos nachvollziehen.

Die Arbeit mit den Kindern verändert nicht nur Stonys Leben, sondern auch seinen gesamten Habitus. Die Verkrampfungen seines muskulösen, angespannten, bisher nur für harte Arbeit eingesetzten Körpers lösen

sich. Er wird immer lockerer. Entspannt läuft er über die Straßen, trinkt ein Bier, sein Gesicht wird noch weicher. Und plötzlich kann er auch sein Mädchen vergessen, ein Flittchen, das es eher mit anderen, als mit ihm treiben wollte. Er erhält einen Antrag von einer sehr schönen rothaarigen Frau – und nimmt ihn an. Warum nicht? sagt er sich. Er tritt ins wirkliche Leben ein und ist selbst überrascht, wie einfach das geht.
Um zwei Uhr nachts sehen wir Stony in der Wohnung von Annette, der erotischen Antragstellerin. Er spannt seinen Bizeps an. Er hat guten Sex gehabt und fühlt sich blendend. Sein jugendlich-männlicher Narzißmus ist soeben voll bestätigt worden.
Richard Gere in seiner – von nun an – obligatorischen Liebesszene. Nur mit einem Handtuch um die Hüften, die Haare nach dem Duschen glatt nach hinten gekämmt. Jetzt könnte er bereits alle Rollen spielen, die er erst in Zukunft spielen wird (ein Jahr später: »Ein Mann für gewisse Stunden« und »Yanks«).
In der zweiten Hälfte des Films verweilt die Kamera immer häufiger in Groß- oder Nahaufnahme auf Richard Gere. Das Starpotential des Schauspielers wird jetzt in den Liebesszenen entdeckt. Wir wohnen der Geburtsstunde des Sexsymbols Richard Gere bei. Aus dem Schauspieler wird ein Star.
Das hat auch damit zu tun, daß der Film von Robert Mulligan ihm nun endlich eine differenzierte Rolle einräumt, die seinen Fähigkeiten entspricht. Der Emanzipationsprozeß der Figur Stony de Coco ermöglicht

Gere, langsam aus dem Schatten der Nebenrollen zu treten, sozusagen aus dem Dasein am Rande heraus in den Bildmittelpunkt. Die Inszenierung beginnt, sich auf ihn zu konzentrieren. Das heißt auch, daß sie sich bemüht, ihn möglichst glamourös in Szene zu setzen. So kommen in »Heißes Blut« drei für die zukünftige Karriere des Schauspielers wichtige Einzelheiten zusammen: Er spielt eine wichtige Rolle, er wird Mittelpunkt der Inszenierung, er bekommt einen Starstatus.
Was das für einen Schauspieler heißt, der bisher alles spielen mußte, um überhaupt wahrgenommen zu werden, kann man ermessen, wenn man Gere in seinen vorangegangenen Filmen sieht. In Filmen wie »Strike Force« etwa, in dem er den Polizisten Walter Spencer mit der Attitüde des ungelenken Newcomers spielte.
Das ist nun vorbei. Richard Gere zeigt seine Qualitäten. Sie werden in allen künftigen Filmen, mehr oder weniger variiert, wieder auftauchen. Und sie werden ihrem Besitzer den Ruf verleihen, der sinnlichste und sensibelste unter den Hollywood-Stars der 80er Jahre zu sein.
Die Qualitäten sind: Sein ebenmäßiges Gesicht mit den hypnotischen Augen, seine sexy Gestalt, sein erotischer Gang, sein sensibles Spiel, seine Aura von Zuverlässigkeit, Ehrlichkeit und verführerischer Männlichkeit. Hart und zart zugleich, das ist Richard Gere, Hollywoods Antwort auf die Muskelprotze unter den Kassenstars.
Vorübergehend wird dann sein Stony de Coco wieder unter die Knute der Familie genommen.
Der Vater will unbedingt, daß Stony wenigstens für ein

paar Wochen auf dem Bau arbeitet. Stony läßt sich widerstrebend darauf ein. Und schon heißt es wieder in alter Befehlsmanier: Sei nicht so frech! Schnapp dir den Eimer da, bring ihn nach oben! Paß auf, daß du pünktlich zu Hause bist! Na los, Arschgesicht, vorwärts! Beeil dich, beeil dich! Iß auf und kleckere nicht!

Für die Präsentation des Fast-Stars bedeutet dieser Rückfall, daß er wieder zum Nebendarsteller wird. Die Kamera erfaßt ihn erneut von unvorteilhaften Seiten, oder in der Halbtotale, die ihn unter den anderen Darstellern verschwinden läßt. Er schleppt Kabelrollen treppauf und treppab, hetzt ausgepumpt über die Baustelle, und jeder kommandiert ihn herum. Von seinem Lächeln ist nichts mehr zu sehen, auch nicht von seinem entspannten Gang. Stony muß sich ganz unten seine Sporen verdienen – und der Schauspieler Richard Gere bis auf weiteres ebenfalls.

Stony ist auf dem Weg, ein vollwertiger de Coco zu werden, wie eine vorübergehende Freundin meint. Auf dem Weg zum Macho, der säuft, frißt und bumst. Doch das ist nur vorübergehend, das Drehbuch hält noch etwas für ihn parat. Denn Stony ist inzwischen so weit, daß er tatsächlich weiß, was er will. Und er handelt danach.

Die Konflikte, in die er sich damit begibt, zerreißen ihn fast. Sein Vater will einen Bullen aus ihm machen, die Freundin einen Softie, aber Stony beißt sich durch. Er beginnt zu reden, das kann er mit Annette. Und nach einer Weile hat er genug geredet, gesehen und gehört.

Der ruhige Film gibt Stony Zeit genug, seine Lernprozesse zu durchlaufen, und dem Darsteller Richard Gere gibt er Gelegenheit, diesen Prozeß sichtbar zu machen. Am Ende steht Stony mit einem schäbigen Koffer in der Hand in der Stammkneipe seines Vaters. Er sieht schmal und verletzlich aus, wie jeder, der sich seinen Ängsten stellt und damit seinem Leben. Stony geht von zu Hause weg.
Er geht, weil er die Eltern liebt und nicht mitansehen kann, wie sie einander kaputtmachen. Und weil er selbst nicht kaputtgemacht werden will. Er geht, um ein unbeschädigtes Individuum zu bleiben – und seinen kleinen Bruder Albert nimmt er gleich mit.

Ein Glücksfall

Als der verhältnismäßig unspektakuläre Film fertig war, staunten alle. Richard Gere darüber, wie gut er den Wandlungsprozeß seiner Figur Stony de Coco dargestellt hatte, Robert Mulligan über den reibungslosen Verlauf der Dreharbeiten, die Produzenten über den niedrigen Etat, der die Vorkalkulation sogar noch unterbot – und die Kritiker über einen atmosphärisch dichten, genauen Milieufilm, wie ihn Hollywood nie hätte drehen können.

»Heißes Blut« hat eine schöne zwischenmenschliche Botschaft, die lautet: Versucht, euch zu verstehen. Um diese allgemeinste, und doch konkreteste aller Botschaften umzusetzen, braucht es ein gutes Drehbuch, einen sensiblen Regisseur und wirklich hervorragende Schauspieler, die nicht in Sentimentalität abgleiten.

Robert Mulligan hatte das Glück, mit den bestmöglichen Akteuren zusammenzuarbeiten, die zu diesem Zeitpunkt in der Bronx und in New York zu bekommen waren. Die Besetzung des Stony de Coco durch Richard Gere war ein besonderer Glücksfall. Mulligan hatte ihn nie spielen gesehen, aber er sah sofort, daß Gere nicht nur ein junger, sondern auch ein reifer Mann war. Ein runder Charakter, angefüllt mit mannigfachen Talenten und Wünschen, die ihren Weg suchten.

Allerdings sollte die Figur Stony laut Drehbuch nicht älter als 18 Jahre sein, Richard Gere war jedoch bereits 25. Nur wenige Jahre Unterschied, der jedoch in diesem Alter oft Welten bedeuten kann.

Richard Gere erinnerte sich an ein Casting-Gespräch, das er mit dem Regisseur sechs Wochen vor der Begegnung in dem italienischen Restaurant gehabt hatte. »Robert sagte damals zu mir, er glaube nicht, daß ich die Rolle altersmäßig spielen könne. Und ich antwortete ihm: ›Mann, ich kann eben nicht wieder 17 werden, ich bin es nicht.‹ Wir redeten noch eine Weile über Bücher, Filme – und über mich. Dann trennten wir uns freundschaftlich. Die Rolle war gestorben.«

Sechs Wochen danach trafen Mulligan und Gere wieder in New York zusammen. Mulligan war sicher, seinen Stony de Coco nur in New York zu finden, aber langsam drängte die Zeit, und der Regisseur wurde unruhig. In dieser Situation sah er Richard Gere. Er kam ihm jünger vor als beim ersten Treffen. Entwickelte sich dieser Mann etwa rückwärts? Sie beschlossen, Gere einen Aufnahmetest machen zu lassen, um festzustellen, ob er als 18jähriger im Bild glaubhaft war.

Der Test wurde gemacht, und Mulligan sah schon nach der ersten Minute: Er hatte seinen Stony gefunden.

Das einzige, was rein optisch noch zu tun blieb, war, Richards Haar ein wenig zu schneiden, das machte ihn jünger und auch verletzlicher. »Das Wunderbare an Richard Gere war und ist«, erinnert sich Robert Mulligan, »er kann verletzliche Menschen ohne jede Sentimentalität spielen. Das ist eine große Begabung.«

Eine Sequenz besonders verdeutlicht die gute Arbeit, die Richard Gere in »Heißes Blut« leistete. Es ist die Szene im Kindergarten des Krankenhauses, die dem Filmoriginal (»Bloodbrothers«) den Titel gab. Stony de Coco hat sich entschieden, mit Kindern statt auf dem Bau zu arbeiten. Jetzt muß er den Kindern, zwanzig 10–12jährigen, Geschichten erzählen, um sie bei Laune zu halten.

Die Szene war im Drehbuch genau festgelegt, aber Gere war doch völlig sich selbst überlassen. Er ist lange im Bild, er erzählt, und die Kinder müssen an den richtigen Stellen reagieren. Die Sequenz wurde an zwei Tagen gedreht. Zwei Tage, in denen der Schauspieler mit den Kindern gewissermaßen eingesperrt war.

»Eine Menge anderer Schauspieler«, sagt Robert Mulligan, »hätten gejammert, wie soll ich das bewerkstelligen? Nicht so Ritchie Gere. Wir diskutierten die Szene nicht, er spielte sie einfach. Ich konnte ihm nicht helfen, aber er fand instinktiv die Überraschungsmomente, die nötig waren, um die Interaktion mit den Kids herzustellen.«

Gere bekam freie Hand, zu spielen, wie er es für nötig hielt. Hinterher wurde hier ein Wort geändert, dort eine Phrasierung oder eine Geste, das Frappierende aber war, daß der Schauspieler es schaffte, beim Drehbuch zu bleiben und andererseits völlig glaubwürdig zu »improvisieren«. Das war schwerer, als wenn er die Szene von Anfang an hätte improvisieren müssen.

»Gere war darauf trainiert«, führt Mulligan noch einmal aus, »den Text zu respektieren. Er kommt ja vom Theater und hat dort viel gelernt. Er respektiert das Drehbuch und spielt dennoch ungeheuer lebendig.«

Alles in allem konnte Richard Gere wirklich zufrieden sein mit seiner Leistung. In einem Film der guten Schauspieler spielte er eine herausragende Rolle. Daß er seine Figur so glaubwürdig ablieferte – eine Figur, die eigentlich eine Antithese zu ihm war – lag nur an seinem einfühlsamen Spiel. Gere erwies sich als ein intelligenter, selbstsicherer, multitalentierter Schauspieler. Und diese Rolle als eine der besten in seiner Karriere.

Daß er nicht nur ein engagierter Schauspieler ist, sondern – wie bereits erwähnt – auch andere Talente hat, wie musizieren, schreiben, eine Filmszene kreativ umzugestalten, kam der Arbeit an diesem Film sicher zugute. Es erleichterte, den Stony von allen Seiten einzukreisen, um ihn dann genau auf den Punkt zu bringen und darzustellen.

Ein GI in England

Richard Geres Karriere war an einen Punkt gekommen, wo er daran denken konnte, die Rollen, die er spielen wollte, besser vorzubereiten. Er mußte sich überlegen, was er spielen wollte, und er mußte stark genug sein, Rollenangebote abzulehnen, wenn sie ihm nicht gefielen. Mit anderen Worten, er war aus der Anfängerposition heraus.

Für seine nächste Filmrolle brauchte er allerdings keine lange Bedenkzeit. Es lag auf der Hand, daß er den GI Matt in John Schlesingers »Yanks« spielen würde. Allein der Name des Regisseurs inspirierte schon. Gere hielt sehr viel von einem Mann, dem unsterbliche Werke wie »Der Tag der Heuschrecke« (1974) oder »Der Marathon-Mann« (1976) geglückt waren.

»Du siehst einen Film von Schlesinger«, äußerte sich Gere einmal, »und du findest ganz bestimmt eine Sequenz, die dir den Atem verschlägt. Ich dachte vor Drehbeginn, Schlesinger sei ein Mann wie die Figuren in seinen Filmen – wortgewaltig, enervierend, aufgedreht. Aber das stimmt nicht. Er ist ein Mann, der ganz introvertiert in den Bildern lebt. Er hat einen sehr klassisch zu nennenden Sinn für die Verbindung zweier Dinge: Stimmung und Unterhaltung. Sein Stil ist wundervoll, er ist ein großartiger Geschichtenerzähler.«

Dieser John Schlesinger hatte mit »Yanks« gewiß keinen Film vor, der vom Krieg handelte, aber er wäre ohne den Krieg nicht vorstellbar gewesen. Er wollte einen nicht-gewalttätigen Film, einen Film ohne apokalyptische Stimmungen und Aussagen, einen geradezu stillen Film, der aber zeigen sollte, wie Menschen von der Situation des Krieges im Hintergrund beeinflußt werden.

Der Film beginnt 1943, kurz vor der Invasion Nazideutschlands. Der Kontrast zwischen den Menschen in England, die den Krieg schon ein paar Jahre lang kennen und den hinzukommenden nordamerikanischen Soldaten, die einstweilen nicht ins Kriegsgeschehen eingreifen müssen und die Lage eher wie einen Urlaub betrachten – dieser Konflikt zwischen zwei Kulturen, obwohl gleichsprachig, interessierte den Regisseur. Der sogenannte »D-Day« des Einsatzes war das Damoklesschwert, das über allen Köpfen hing und das Lebensgefühl steigerte. Das interessierte auch einen Darsteller wie Richard Gere.

Richard Gere als Matt und Lisa Eichhorn als Helen waren ein sehr dezentes, angenehm anzusehendes junges Paar. Die Kritik lobte sie sehr, auch die unspektakuläre Regie wurde hervorgehoben.

In »Films and Filmings« vom Oktober 1979 war nach der Premiere zu lesen:
»Das junge Paar des Films wird besonders gut gespielt. Richard Gere zieht einigen Vorteil daraus, daß er nur danach trachtet, seinen Matt so wahrhaftig wie möglich anzulegen. Wie er als Heißsporn ankommt und dann im fremden Land lernt, mit den einheimischen Bedingungen umzugehen, das ist heikel und nicht ohne Pikanterie; und Gere spielt das ungemein clever. Er ergänzt wunderbar den konstanten, warmen Charme von Lisa Eichhorn, die als Amerikanerin mit verblüffend englischer Note agiert.«
Der Kritiker fand jedoch auch ein Haar in der Suppe:
»Wie auch immer, weder die Qualität der Darstellung, noch das gute Drehbuch können verhindern, daß der Film in manchen Sequenzen in Sentimentalität abgleitet. Das erwartet man nicht bei einem Regisseur wie John Schlesinger, der immerhin den ›Midnight Cowboy‹ von 1969 gedreht hat. Es herrscht einfach manchmal ein Ton vor, den ich als emotionalen ›Overkill‹ bezeichnen möchte. Und das heißt ganz einfach, daß der subtile Humor, der eine solche Geschichte ja auch auszeichnet, zu kurz kommt.«
Ob der Zuschauer diesem Urteil nun zustimmt oder nicht, eins ist sicher: »Yanks« brachte Richard Gere den großen Durchbruch. Nach dieser Arbeit konnte er sich die Angebote in aller Ruhe aussuchen.
Renommierte internationale Kritiker sahen das ebenso. Sie verstanden, daß hier ein Schauspieler mit Star-

Power geboren war. Der »Film Comment« vom März/April 1980 schrieb dazu:
»Richard Gere spielt in diesem Film einen heiligen Underdog-Part, der wahrscheinlich seine bisher feinfühligste Darstellung ist. Eine Darstellung, die intelligent genug ist, um die Nachsicht spürbar zu machen, die der Schauspieler mit seiner Rolle hat. Eine solch kontrollierte Darstellung war von einem Mann, der den Stony de Coco in ›Heißes Blut‹ spielte, kaum zu erwarten.«

Als Matt in »Yanks – Gestern waren wir noch Fremde«

Völlig übermüdet sitzt der GI Matt auf einem Armee-Lastwagen, der ihn im Morgengrauen vom Landehafen zu seinem Stützpunkt bringt. Die südenglische Stadt Stalybridge ist nicht gerade der Traum des US-Soldaten, so grau und verrußt, wie sie sich darstellt. Aber im Moment ist es ihm egal, er will sich nur ausruhen.

»Ein hübsches Land!«, entfährt es ihm dann plötzlich, »es ist Winter, und es ist immer noch alles grün!« Das kann der Yankee aus dem sonnenverbrannten Wüstenstaat Arizona nicht fassen. Er steckt sich eine Zigarette an, um wach zu bleiben. Sein nachdenkliches Gesicht mit dem Dreitagebart unterscheidet sich von dem seiner Kameraden durch sensible Aufmerksamkeit und Intelligenz. Matt scheint kein gewöhnlicher Soldat. Aber als er dann mit den anderen unter der Dusche steht, ist von Unterschieden wiederum keine Spur.

Er flachst mit den anderen, er ißt das Essen, das er in der Großküche selbst überwacht hat, er nimmt einen Urlaubstag mit den anderen. Aber seine Stimme klingt leiser, seine Blicke sind dezenter, seine Bewegungen schüchterner. Dieser Matt ist ein besonderer GI aus dem Land der unbegrenzten Möglichkeiten.

Auffällig wirkt Richard Gere schon in den ersten Sequenzen durch die körpersprachlichen Unterschiede zu den Einheimischen, die im Film auch von englischen Schauspielern verkörpert werden.

Sie sind steif, förmlich, knorrig, spröde, irgendwie »very british«. Die »Yanks« und vor allem Matt: lässig, beweglich, großspurig, jungenhaft, relaxed. Kein Wunder, die Amerikaner kommen aus dem sorgenfreien Überfluß, sie haben noch kaum Entbehrungen kennengelernt, während sich die Engländer bereits im 3. Kriegswinter befinden.

Die Farben, in denen Richard Gere auftritt, dominieren den ganzen Film – blasses Olivgrün und Erdbraun, Tarnfarben. Und gutgetarnt sind die fremden Soldaten in England allemal, denn sie sprechen die gleiche Sprache. Das macht es auch Matt leicht, sich an ein Kaufmannsmädchen heranzumachen. Sprache verbindet.

Im Kino können sie sich dann die gleichen Filme ansehen. Sie studieren das anglo-amerikanische Weltbild auf der Leinwand und kommen sich immer näher.

Irgendwie erinnert sich der Zuschauer beim Ansehen von Richard Gere und »Yanks« an einen anderen anglo-amerikanischen Film, der ebenfalls zur Kriegszeit in England spielt, nach der Landung der Alliierten, allerdings in London. Das ist der Film »Das tödliche Dreieck« mit dem US-Schauspieler Harrison Ford.

Auch in diesem Werk von Peter Hyams ist das Leben kostbar, weil der Tod im Zweiten Weltkrieg ständig präsent ist. Auch dieser Held ist zwar draufgängerisch, aber gebremst. Er flirtet mit einem Mädchen und ahnt doch, daß es vergeblich ist. Und Harrison Ford spielt den Bomberpiloten aus Übersee ebenfalls wie ein lässiger Amerikaner, der gut drauf ist, ein smarter Ausländer, der nach einem Zipfel Glück in der rauhen Kriegswirklichkeit sucht.

Wie Harrison Ford ist auch Richard Gere ein cooler Boy – und ein starker Liebhaber. Direkt steuert er auf sein Ziel zu. Er schätzt keine Umwege. Schon gar nicht, wenn er jetzt die Frau seines Lebens gefunden zu haben glaubt. In diese Einsicht fügt er sich mit fast komischem Stoizismus. Einer, der sich binden will – mitten im Krieg? Ein Kommandounternehmen!

Die Nachdenklichkeit macht sich auf seinem Gesicht immer breiter. Während er im Lager seinen Dienst verrichtet, denkt er fast ununterbrochen an dieses Mädchen aus dem Kaufmannsladen. Der Krieg wird für den Amerikaner zum Ambiente seiner Liebe zu dieser englischen Frau. Die Fernziele werden ihm angesichts des Nahziels Jean, gespielt von Lisa Eichhorn, völlig gleichgültig.

Seine Haltung wird immer ziviler. Er betritt das Dienstzimmer seines Vorgesetzten zunehmend wie ein Privatmann. Das Militärische fällt immer mehr von ihm ab. Vielleicht hat die Liebe seine Glieder entspannt.

Wenn er in einen Schlamassel gerät, entfaltet er allerdings seine Kämpferqualitäten. Ob im Kinofoyer gegenüber aufdringlichen Soldaten oder im Militärlager – körperlich behende wie eine Katze, entwickelt er eine nur erotisch zu nennende Ausstrahlung; die eines von seinen Sinnen geleiteten Wesens, das um sein Überleben kämpft und dabei alle Instinkte, die guten wie die bösen, entfaltet.

Die Erotik der männlichen Tat ist das Geheimnis seines Erfolges. Und danach die Entspannung: Szenen, in denen Gere beweist, daß er eigentlich kein stahlharter Söldner oder Soldat ohne Furcht ist, wie das martialische Geschäft des Krieges es verlangt. Er ist deshalb auch sympathischer und identifikationsträchtiger als andere, weil man spürt, daß er verletzlich ist.

Darüber hinaus ist Matt ein aufrechter Mann, er bleibt auf dem richtigen moralischen Weg. Und wird er einmal kräftig angefeindet von falschen Entscheidungen, dann steckt er eine Zigarette an und überdenkt das Ganze. Nur die Stärke der Rauchwolken zeigt dann seine Emotionen an. Für seine Freunde und die Frau, die er liebt, bleibt er der alte, ein Mann, dem man vertrauen kann.

Matt kommt aus einer Familie, die in Tucson einen schuldenfreien Imbißstand unterhält. Kleinbürgertum, sehr eigen. Matt ist deshalb von Haus aus an kleine enge Verhältnisse gewöhnt, die jedoch mit großen Ausbruchsphantasien ausgestattet werden. Zu Hause macht er die Schnellgerichte und jetzt hier »den Küchenbullen«, aber wenn er den Krieg übersteht, wird er ein kleines Motel bauen.

Wie Richard Gere das seiner Angebetenen erzählt, macht er den Eindruck eines Soldaten, der schon längst nicht mehr hier ist. Ein Fahnenflüchtiger im Geiste. Und gerade deshalb ein ganzer Kerl, der Sinn von Unsinn unterscheiden kann. Szenen dieser Art werden in ihrer antikriegerischen Tendenz von der Regie John Schlesingers nach Kräften unterstützt. Und Richard Gere ist mit seinem zivilen Gestus der richtige Darsteller, um diese Tendenz zu verstärken.

Das Jahr 1944 kommt und damit der Zeitpunkt der Invasion der Alliierten. Viele der Soldaten, die zur Jahreswende gemeinsam feiern, werden noch in diesem Jahr sterben – Amerikaner und Engländer. Im Augenblick ist davon jedoch noch nichts zu spüren, das Feiern mit viel Alkohol geht weiter. Jeder ertränkt den Schrecken des Krieges auf seine Art.

Die Angleichung der Rassen, Geschlechter und Nationen in diesen harten Zeiten des Wartens auf die großen europäischen Schlachten, geht nicht ohne Konflikte ab. Langsam, aber sicher, nehmen die amerikanischen Gäste im fremden Land das Heft in die Hand. Nach und nach erobern sie mit ihrer Musik die Ballsäle, mit ihrem Whisky die Freizeit, mit ihrem Charme die Mädchen. Die Sitten werden ungestümer, spontaner, wilder, da staunt der Engländer. Gegen das kompakte Alltagsmaterial der Amerikaner ist auf der grünen Insel kaum ein Kraut gewachsen.

Auch Matt nivelliert das Verhältnis zwischen Engländern und Amerikanern auf seine Weise. Er erobert

Jean, die eigentlich schon in festen Händen war. Aber er erobert sie nicht mit dem üblichen Kraftakt der Nordamerikaner, sondern mit Zurückhaltung, Sensibilität, Intelligenz. Woher dieser Yank aus der Wüste Arizonas das nimmt, weiß niemand. Er hat es eben. Und man nimmt es diesem Gere ab, daß er es hat.

Die zweite Front in Europa wird eröffnet, und für die Soldaten in England beginnt ernsthaft die Vorbereitung auf den Krieg. Für Matt bedeutet das: zunehmend rücksichtslose Manöver. Er robbt durch den Dreck, schultert das Gewehr, schießt, überwindet Stacheldraht-Barrieren, schwitzt und flucht. Aus dem Mann, der sich fast schon zum Privatmann zurückentwickelt hatte, wird langsam wieder ein Soldat. Schließlich ist er nicht auf Urlaub in Stalybridge.

Aber dennoch läßt der Film ihm viel Zeit, seine Liebhaber-Qualitäten mit Lisa Eichhorn zu demonstrieren. Unter der Uniform kommt immer wieder der Mann für gewisse Stunden zum Vorschein, und Richard Gere nutzt die Szene mit erotischer Stimmung, um seinen Charme zu entfalten. Einen zärtlicheren Film-Liebhaber gab es schon lange nicht mehr.

Dann sind die Zigarettenpäckchen leergeraucht, die letzten hilflosen Worte sind gesagt, die Fotos werden vom Spind abgepinnt, die Klamotten gepackt, Orangen, Nickels und Schokolade verschenkt, die Zelte abgebrochen. Die US-Armee verläßt den Stützpunkt. Es wird ernst, die Invasion hat begonnen. Der Film zeigt das nicht mit Hurra-Patriotismus, sondern mit leisen, melancholischen Bildern und Tönen. Denn der Abmarsch bedeutet, daß langsam und mühsam gewachsene menschliche Beziehungen plötzlich zu Bruch gehen.

In den letzten Sequenzen gerät Richard Gere ins Hintertreffen. Der Film konzentriert sich auf die atmosphärischen Momente, auf die kleinen Gesten, die Zwischentöne. Für die große Lovestory ist kaum mehr Platz. Und auch nicht für Heldentum. Die Soldaten verschwinden einfach als endloser Konvoi zwischen den saftig grünen Wiesen. Die Blicke zwischen den Liebenden gehen ins Leere, sie treffen sich nicht mehr. Der Krieg steht zwischen Männern und Frauen.

Am Bahnhof noch eine kurze Begegnung zwischen Matt und Jean aus der Distanz, mitten im militärischen Sperrgebiet. Ein Blick, ein Winken, es ist alles okay. Oder?

Das Gigolo-Phänomen

Neben der Leistung der Darsteller, die bis in Nebenrollen hinein gut ausgewählt waren, brillierte der Film »Yanks« mit kleinen genau beobachteten Szenen.
Da ist beispielsweise die Szene im Kino, wo Einheimische und US-Boys zusammen eine Wochenschau ansehen. Der Film erzählt mit Blicken, Gesten und kleinen Details von den kulturellen Unterschieden zwischen diesen Menschen. Oder die großangelegte Schlußsequenz, die neben ihrem Mammutaufgebot an Personal – à la Schlesinger – von der Stimmung des Abschieds erzählt, die ein bestimmtes Licht in den Augen der Frauen leuchten läßt. Oder, nicht zuletzt, die Szene in der Tanzhalle, in der es zum Zusammenstoß zwischen rassistischen und eifersüchtigen Weißen und ein paar lebenslustigen, tanzwütigen Schwarzen kommt. Eine Sequenz, die ohne Pathos und Sentimentalität für Verständnis unter den Rassen und Nationen wirbt.
Ein packendes Zeitbild, eine gefühlsstarke Liebesgeschichte und eine unspektakuläre Erzählweise – Schle-

singers Film ist schönstes Kino, kommerziell ausgerichtet und dennoch ganz genau und leise erzählt.
Nicht gerade das genaue Gegenteil, aber doch ein Film mit einer völlig anderen Atmosphäre und einem grundverschiedenen Stil – so wird man die Arbeit bezeichnen können, die Richard Gere als nächstes in Angriff nahm.
Die Vorgeschichte zu »American Gigolo«, einem Film, der bei uns mit dem Titel »Ein Mann für gewisse Stunden« in die Kinos kam, gab einigen Einblick in die Schwierigkeiten einer Filmproduktion, die ein als heikel angesehenes Thema in die Öffentlichkeit bringen wollte.
Die Idee war dem Regisseur Paul Schrader nach der Lektüre einer soziologischen Studie gekommen. 1976, als Schrader Universitätskurse für das Schreiben von Drehbüchern gab, bat er seine Studenten, sich Gedanken über diese Studie zu machen. In ausgedehnten Diskussionen kamen dann die ersten Ergebnisse zusammen, die Schrader als Basis seines Drehbuchs nutzte.
Das schöne Wort »Gigolo« stand am Anfang des Drehbuchs. Und da der Film in den USA spielte, sollte es ein amerikanischer Gigolo sein. Lauren Hutton, die die weibliche Hauptrolle Michelle spielt, sagte einmal zu diesem Begriff etwas sehr Zutreffendes:
»Gigolo ist ein altes klassisches Wort, aber wir wollten keinen alten klassischen Film machen. Das Gigolo-Phänomen in den USA ist absolut ein Phänomen der heutigen Zeit. Daraus ergab sich der Umriß für die Figur des Julian Kaye, wie sie Richard so großartig spielte.«
Paul Schrader diskutierte diese Figur eines Tages mit

seinem Psychiater. »Ich lag da auf der Couch«, erinnert er sich, »und begann darüber zu reden, wie man die Liebe eines anderen Menschen akzeptieren kann. Und der Doktor sagte, in diesem Problem liege doch genau der Aufriß für die Filmfigur, mit der ich mich gerade herumplagte. Genau, sagte ich, der Gigolo ist eigentlich unfähig, zu nehmen, er ist ein Typ, der nur geben kann. Eine besondere und unübliche Art von Perversion.«
Schrader begann nach diesen Überlegungen mit der Arbeit am Drehbuch, schickte nach einiger Zeit ein Treatment an die »Paramount« und wartete ab. Als er das Projekt plante, hatte er für die Titelrolle John Travolta im Auge. Travolta, als Vortänzer der Disco-Generation in großen Filmmusicals wie »Saturday Night Fever« und »Grease« zu Ruhm gekommen, besaß nach Schraders Meinung wie kein zweiter der internationalen Starriege sexuelle Ausstrahlung und etwas Vertrauenerweckendes zugleich.
»In dem Moment, in dem John auf der Leinwand erscheint«, resümierte Schrader am Anfang der 80er Jahre, »hat er bereits alles geschafft, wofür andere Darsteller einen ganzen Film lang strampeln müssen. Er hat das Publikum auf seiner Seite. Diese Tatsache erlaubt einem Regisseur viele Freiheiten – denn immerhin ist der Gigolo, den ich in meinem Film darstelle, nicht ganz ohne. Er tut alles für Dollars, nicht wahr?«
Eines Tages bekam Schrader endlich die Zusage der Paramount, den Film machen zu können. Acht Millionen Dollar Etat waren vorgesehen.

Zu diesem Zeitpunkt hatte er bereits ein Jahr lang mit den Drehbuchautoren am Script gearbeitet, alles schien fertig. Der Regisseur flog nach London, wo Travolta gerade in einer »Grease«-Theateraufführung zu sehen war. Danach flog er im Privatflugzeug des neuen Superstars nach Mailand, um sich von dem ultra-exklusiven Couturier Giorgio Armani die Garderobe für Travolta anfertigen zu lassen. Darauf nach Rom, wo Bernardo Bertoluccis Ausstatter Ferdinando Scarfiotti Skizzen für die opulente Ausstattung des Projekts angefertigt hatte.

Von da ab ging alles schief.

Travoltas Berater wurden skeptisch. Konnten sie zulassen, daß ihr Star diesen Gigolo spielte? Schnelle Umfragen unter Kritikern und Fans ergaben eine eindeutige Antwort: Es war nicht ratsam. Dazu kam, daß Travolta in Schraders Film auch noch eine um Jahre ältere Frau lieben muß. Unmöglich!

Im Januar sollten die Dreharbeiten beginnen. Was war mit Travolta? Einige Voraufnahmen wurden arrangiert. Die Entscheidung war jedoch noch immer nicht getroffen. Dann starb plötzlich Travoltas Mutter. Der Star fiel in eine tiefe Depression, sagte alle Termine bei Bühne und Fernsehen ab. Zwei Wochen vergingen. Nichts. Dann noch einmal zwei Wochen. Travolta ließ durchblicken, daß er vor Juni nicht würde zur Verfügung stehen können – wenn überhaupt.

Schrader war erfahren genug, um zu wissen, daß ein solcher Aufschub für die Produktion nicht machbar

war. Er rief die Paramount an und sagte, er müsse bis exakt 13. Februar Bescheid wissen, ob Travolta die Rolle spiele oder nicht.
Schließlich – wirklich nur unter dem Druck dieses Termins? – lehnte Travolta ab, diesen skrupellosen Gigolo zu spielen. Schrader stand im Regen. Was tun? Wo auf die Schnelle einen anderen Gigolo hernehmen?
Das war leichter als gedacht. Es gab ja noch diesen Richard Gere. Der hatte damals in der originalen New Yorker West End-Produktion schon die Rolle des Danny Zuko gespielt, mit der dann John Travolta berühmt wurde. Und auch in dem Film »In der Glut des Südens« hatte Richard Gere mit gewissen Travolta-Manierismen beeindruckt.
Außerdem hatte Schrader den neuen Darsteller in »Auf der Suche nach Mr. Goodbar« gesehen und hielt das für eine großartige Leistung. Er wußte, daß man für die Rolle in diesem Film an der Seite von Diane Keaton ursprünglich ebenfalls John Travolta vorgesehen hatte, bevor Gere den Zuschlag bekam. Seltsame Chronologie der Ereignisse.
Gere wurde in einer hektischen Woche gesucht und gefunden. Er wurde gefragt und sagte zu, für 350 000 Dollar Gage und eine prozentuale Gewinnbeteiligung die Rolle zu übernehmen. Drei Wochen später begannen die Dreharbeiten.
Von der Richtigkeit der Wahl, Gere statt Travolta, kann sich jeder Zuschauer überzeugen, der den Film sieht.

Vom Resultat her, ist der Film ohne Richard Gere überhaupt nicht denkbar.
Auch Paul Schrader war dieser Meinung, als der Film fertiggedreht war. Als das Lichtspiel schon zu Weihnachten des Jahres 1979 in die amerikanischen Kinos kam, sagte er überglücklich:
»Der Film ist genauso geworden, wie ich es gewollt hatte. Wir änderten das Drehbuch keinen Deut. Und auch die Ausstattung blieb, nach Travoltas Ausstieg, genau wie vorgesehen. Alles paßte bestens zusammen. Schon als ich den Film schnitt, sah ich, daß unser Gigolo goldrichtig war.«
Und die Hauptrolle, entsprach sie Schraders Wünschen?
»Richard hat in diesem Film eine heterosexuelle Glaubwürdigkeit, eine Art hundertprozentiger Körpersprache, die einmalig ist. Er spielt den Part völlig auf der Basis, die ich für John Travolta entwickelt hatte und brachte dennoch seine ganze Eigenständigkeit mit ein – vor allem die Eleganz und die Härte, die ihn auszeichnen. Das waren nur Nuancen, wenige Blicke, Gesten, Wortbedeutungen, aber alles typisch Gere. Zum ersten Mal in meiner Arbeit bin ich völlig zufrieden mit dem Ergebnis, kann mich darauf ausruhen und brauche nicht schnell zum nächsten Projekt zu hetzen. Daran hat Richard starken Anteil.«
Gere steckte das dicke Lob seines Regisseurs weg. Er freute sich, teilte jedoch auch dessen Meinung mit gesundem Selbstbewußtsein. Wie sah er selbst seinen

Weg zum Julian Kaye, einer Figur, die ihm so angegossen saß?
»Ich hatte ja nicht viel Zeit«, sagte Gere, »mich für die Rolle vorzubereiten. Vielleicht zehn Tage. Als der Vorschlag von Paul Schrader kam, mußte ich überlegen, was für eine Vorstellung ich von dieser Figur hatte, wie ich sie spielen könnte. Viel Unterbewußtes gab dann den Ausschlag, glaube ich. Es war schon in mir. Ich hatte gewissermaßen das Leben dieses Julian schon gelebt. Nicht im wörtlichen Sinne – im Lebensstil, mit der Kleidung, in Bezug auf die Örtlichkeiten – aber in der inneren Einstellung zu gewissen Dingen.«
Gefragt von Brooks Riley vom »Film Comment«, ob er für die Rolle echte Gigolos studiert habe, antwortete Richard Gere schmunzelnd:
»Ich habe mein ganzes Leben lang Gigolos gekannt! Zumindest die ganze Zeit über, die ich im Showgeschäft bin. Sie haben in meiner Umgebung immer eine Rolle gespielt. Davon einmal abgesehen, habe ich solche Männer nicht gesondert erforscht. Ich habe beim Rollenstudium versucht, mich an sie zu erinnern. Wie war das bei dieser und jener Party? Was tat er? Wie tat er es? Wie sah er aus? Redete er viel? Was und wie rauchte er, was hatte er an? Auf diese Weise baute ich Stück für Stück die Figur Julian Kaye zusammen.«
Frage: »Sprach der Charakter Sie an?«
Antwort: »Ich bin nicht interessiert an Gigolos. Aber das Thema und die Gefühle dieses Films und dieser gesellschaftlichen Figur sind einfach toll.«

Richard Gere tat in der Vorbereitungsphase zu »American Gigolo« sehr viel. Er feilte an seinem Bewegungsablauf, machte sich Notizen, wie seiner Meinung nach ein Gigolo seinen Tagesablauf gestaltet – und diskutierte mit Schrader die Ergebnisse. Daraus entwickelte sich ein partnerschaftliches Verhältnis zwischen Schauspieler und Regisseur, wie es Richard Gere auch braucht, um während der Dreharbeiten zu für ihn akzeptablen Ergebnissen zu kommen.

Auf die Frage, wie er mit dem Regisseur zurechtkam, antwortete Gere in dem schon erwähnten Interview mit Brooks Riley:

»Paul war sehr gut vorbereitet. Er wußte Einstellung für Einstellung genau, was er wollte. Er sprach dauernd mit dem Ausstatter Scarfiotti und dem Kameramann John Bailey. Und zwischen Paul und mir waren nicht mehr viele Worte nötig. Wir hatten vorher sehr viel ausgetauscht. Waren zusammen ausgegangen, hatten uns Filme angesehen, Leute getroffen, usw. Jetzt, nach zwei Wochen Drehzeit, wußten wir beide jederzeit, was zu tun war. Wir hatten offensichtlich die gleichen Vorstudien betrieben und waren stilistisch völlig einer Meinung. Diese Übereinstimmung mit einem Regisseur habe ich kaum wieder erlebt.«

Und so spielte Richard Gere den 29jährigen, attraktiven und eleganten Gigolo.

Als Julian Kaye in »Ein Mann für gewisse Stunden«

Der Callboy in Los Angeles arbeitet sehr hart. Das schönste Sportauto, die besten Boutiquen, ein Apartment der Luxusklasse im »Westwood Hotel« gehören zu seiner Szene. Er fährt von Termin zu Termin. Die Frauen sind verrückt nach ihm.

Seine Eleganz ist kaum zu überbieten. Dezent, aber erste Wahl. Er macht die beste Figur in teuren Tuchen oder auch mal im sportlichen Sweater. Der Job, den er professionell wie kaum ein zweiter ausübt, hat nur einen kleinen Nachteil: Er törnt außerhalb der Dienstzeit total ab bei Frauen. Julian will am Feierabend nur noch seine Männer-Ruhe haben, ihn reizt dann nicht einmal der knackigste Teenie-Hintern.

Casanova, der Systematiker der Erotik, hätte seine Freude gehabt an diesem Mann. Denn wie der italienische Luxus-Lover, nimmt auch July, wie ihn die Freunde nennen, seine Sache bitter ernst. Er arbeitet dafür, und wie. Wenn er in seinem Haus angekommen ist, beginnt für ihn ein Leben in der Folterkammer. Er trainiert für gute Kondition und einen makellosen Körper. Und schon sehen wir ihn von der Zimmerdecke herabhängen, den Kopf nach unten, wie eine Fledermaus im Winterschlaf, aber sehr lebendig, nämlich Hanteln schwingend. Ohne Schweiß – viel Schweiß – kein Preis.

Und deshalb ist sein Honorar hoch. Er teilt es mit seiner Agentin, die ihm die Kundinnen verschafft. Er verkehrt nur in den besten Kreisen. Dieser Mann ist eine gute Adresse, die von Mund zu Mund weitergegeben wird.

Julian Kaye ist ein Gigolo mit Stil. Wenn er sich bewegt, stöhnen die Frauen auf. Sein dunkler Teint, die schwarzen, gewellten Haare machen ihn zum klassischen südlichen Papagallo, doch er hat mehr drauf, als anzumachen. Wenn es nötig wird, hält er sich sehr zurück. Von der Erotik der Dezenz versteht er sehr viel. Und er kann in fünf Sprachen stöhnen, seufzen, flüstern, Konversation machen, kommunizieren.

Wenn er einer Lady gegenübersitzt, die noch nicht weiß, wie sie ihm Wünsche mitteilen soll, die vielleicht über das Chauffieren ihrer Limousine hinausgehen, dann spielt er seine beste Nummer aus – die des sensiblen, männlichen Wunscherfüllers. Er errät, was sie will, ohne daß sie sich kompromittieren muß. Er liest ihr sozusagen das Bett von den schönen Augen ab. Und Madame kann weiterhin so tun, als wäre *er* es, der scharf auf *sie* ist. Dann liebt er sie, als würde er sie wirklich *lieben*. Das macht ihn so begehrt.

Julian Kaye – schon der Name sitzt wie angegossen. So maßgeschneidert wie seine Anzüge. Und seine gesam-

ten Bewegungen sind es ebenfalls. Richard Gere schlüpft in die Rolle des Gigolos mit Grazie. Kein Gramm Fett zuviel am Leib und keine Geste zuviel. Ein knappes Lächeln und der Blick aus intensiven Augen sind das höchste der Gefühle, die sich dieser vollendete Mann gestattet. Dann fährt er in seinem Mercedes-Luxussportwagen über die Highways zu seinem nächsten Termin in den Sonnenuntergang.
Natürlich gerät eine solche männliche Nutte schnell ins Zwielicht. Da sind ausgefallene Wünsche zu befriedigen, perverse Klienten zu bedienen, undurchsichtige Verhältnisse zu absolvieren. Und die Regie von Paul Schrader tut ein übriges, um Richard Gere hin und wieder durch Ausleuchtung so in den Schatten zu stellen, daß die Identifizierung des Zuschauers mit ihm nicht immer gelingt. Obwohl das schwerfällt bei einer so stattlichen, sensiblen Erscheinung.
Unser Mann ist unglaublich sexy. Wenn er in seinem Schlafzimmer zur Musik von Giorgio Moroder Anzugprobe macht und sich aus den Hüften heraus im Rhythmus bewegt, ganz dezent nur das Becken kreisen läßt, dann steigen die Temperaturen der Zuschauerinnen – und vielleicht auch die des männlichen Zuschauers, der ein solch erotischer Abräumer auch gerne wäre.
Allein seine Gänge sind schon das ganze Geld wert. Er geht entweder durchgestylt-gediegen wie ein Gentleman oder entwaffnend jungenhaft. Wenn er beide Gangarten kombiniert, bebt der Boden.

Pfau und Pan, Erotiker und elementarer Erwecker frustrierter Frauen, Narziß und männliche Nutte, Gigolo und Geschäftsmann zugleich, das ist Julian Kaye. Ein Mann wie ein warmer Regen auf ausgedörrtem Boden, wie es ihn nicht allzuoft im Kino gab. Aber – als wenn dies als Thema für einen zugreifenden Film, der die gesellschaftlich-libidinöse Wirklichkeit im Sonnenparadies Kalifornien mit seinen angeblich überglücklichen Menschen bloßlegt, nicht reichte – beginnt jetzt ein Kriminalfall nach Julian zu greifen.
Ein Mord ist geschehen, und man wird versuchen, ihn dem attraktivsten Schlafzimmer-Reisenden vor Ort anzuhängen. Aus dem erotischen Melodram wird ein schäbiger Krimi.
Julian gerät in die Klemme. Er muß vorsichtig operieren, schließlich hat er Verpflichtungen gegenüber seinen Kunden. Er muß bekannte Namen decken. Wenn er der Polizei gegenüber allzu offen plaudert, ist es erstens aus mit seinem Job und zweitens vorbei mit dem guten Ruf gewisser Frauen. Was kann er tun? Beispielsweise weiter ins Zwielicht geraten – und genau das tut er.
Das ist schade um diesen Mann, der sich auf gehobenem gesellschaftlichen Parkett genauso sicher zu bewegen weiß wie in der Gosse. Der eigentlich eine neue Stereoanlage will, aber mit seinen gediegenen Kundinnen über die neue Yves Saint Laurent Kollektion plaudert. Der einen guten Wein zu schätzen weiß, aber nach Feierabend zu Hause lieber Amerikas ordinäres

Mundwasser Whiskey kippt. Der Mann für jede Gelegenheit.
Er gerät ins Zwielicht. Dabei ist er doch für viel mehr gut. Er versteht sich nämlich durchaus nicht als Callboy, eher schon als eine Art erotischer Beziehungsberater, der vor Ort mit seinem ganzen Körper arbeitet. Ein Streetwalker an den Brennpunkten der Frauen, der bis in die Schlafzimmer vordringt. Eine Art Seelsorger des Sex. Der Mann, der die Frauen liebt.
Und jetzt lauert die Polizei ihm auf. Daß er zu einem sadistischen Mord nicht fähig ist, sieht ihm jeder an, der nur einen Funken Menschenkenntnis besitzt. Aber Sergeant Sunday, der die Untersuchung leitet, gehört dazu offenbar nicht. Sergeant Sunday will diesem schönen Mann an den Kragen. Vielleicht leidet der schlappe Glatzkopf unter Penisneid.
Julian Kaye wirft einen langen Schatten an die Wand, und die Schatten der Jalousien vor seinen Fenstern zeichnen sich plötzlich auch gleich mit ab – wie Gefängnisgitter. So nimmt die ästhetische Regie vorweg, was diesem Mann droht, wenn er nicht aus der Klemme kommt.
Jetzt, wo es für ihn um alles oder nichts geht, kommt Bewegung in sein Leben. Und in seine Bewegung. Er geht nicht mehr wie ein Schmock. Er beginnt zu hasten. Seine Bewegungen werden schneller und fahriger. Er dreht sich oft um, was er früher nie getan hätte. Julian Kaye verliert langsam aber sicher die Fassade, die vorher zu seinem Berufsbild gehörte.

Das spielt Richard Gere hervorragend: Wie dieser Mann im wahrsten Sinn des Wortes aus der Fassung gerät. Seine präzisen Gesten, die den Gigolo prägten, verwischen, etwas Neues schleicht sich ein, das man bisher an diesem Mann nicht kannte. Man könnte es Angst nennen. Sie bringt offenbar das Koordinatensystem seiner Körpersprache nachhaltig durcheinander.
Julian schlenkert mit den Armen. Sein Kopf ruckt herum. Er bleibt ruckartig stehen. Er lacht verkrampft. Er beginnt, Leute zu begrapschen, weil er Hilfe von ihnen erhofft. Er wirkt indezent. Aus den Augenwinkeln beobachtet er seine Umgebung. Hinter jedem Zeitungsleser kann ein Polizist stecken, der ihn belauert – oder sogar der Mörder, der ihm seine Untat in die Schuhe schieben will.
Julians Haltung löst sich auf, zumindest vorübergehend. Solange nämlich, wie er nicht weiß, was mit ihm gespielt wird – und vor allem, wer mit ihm spielt. Ganz langsam kommt er jedoch dahinter. Und schon kriegt er sich wieder ein.
Er zieht den dunklen Anzug an, bindet den silbergrauen Schlips, kämmt sich die Haare und sitzt schon wieder elegant und solide da – diesmal im noblen Country-Club, um mit dem Senator Stratton zu plaudern, dessen Frau er heimlich, gegen deren gute Bezahlung, bumst. Der Senator mausert sich nämlich zu einer zentralen Figur in der düsteren Affäre um den Mord mit Sado-Touch. Oder weiß er nur nicht Bescheid und verdächtigt Julian der Erpressung?

Und schon steht Julian Kaye, der Mann mit den festen moralischen Grundsätzen – sanfter Sex gleich Frieden, Frustration gleich Krieg aller gegen alle – ganz allein da. Wenn er jetzt in seinem Mercedes durch L. A. fährt, kommt ihm die Stadt vor wie ein Kriegsschauplatz der unterdrückten oder gar offenen Aggressionen. Sex wird hier zur Ware, Zärtlichkeit gleich Null. Es fehlt ein Mann wie Julian.

Doch die Anschauung, die er vertritt, paßt in kein Wahlprogramm. Damit kann man keine Wahl und keinen Senator gewinnen und keine Polizei überzeugen. Liebe deinen Nächsten wie dich selbst, ist in Julians Version zu erotisch und damit zu gefährlich. Es könnte die Verhältnisse, wie sie nun einmal sind, erheblich stören. Es könnte sie verändern.

In den folgenden Sequenzen stilisiert der Film den Schauspieler Richard Gere wie einen modernen Christus, der von allen schuldig gesprochen wird und dennoch versucht, seine Last mit Würde zu tragen. Der würdevoll ins Rotlichtmilieu abtaucht, um dort nach den wahren Schuldigen zu suchen; der den Schmutz der Welt auf sich nimmt, um die Schächer zu überführen.

Julian Kaye, der Jesus von L. A., im bunten Licht der Neons wie ein ganz zeitgenössischer Heiland unterwegs, um Liebe in die Szene zu bringen – und um seine Unschuld zu beweisen.

Die Regie inszeniert eine faustdicke Botschaft und Richard Gere trägt diese Botschaft. Das gelingt nur, weil er die Rolle mit äußerster Zurückhaltung spielt. Man könnte auch sagen, weil er sie spielt. Keine Manierismen, keine Emotion zuviel. Gere geht durch die Nacht, und die Kamera folgt ihm in halbnaher Distanz. Das genügt.

Langsam erwacht Julian Kaye aus seiner Erstarrung. Er beginnt, systematischer zu recherchieren. Er findet Beweisstücke dafür, daß jemand ihm den Mord unterschieben will. Nur wohin diese Beweisstücke führen, das weiß er noch nicht. Aber er macht sich auf den Weg.

Leider muß er die schlimme Erfahrung machen, daß es allen gleichgültig ist, was aus ihm wird. Man läßt ihn fallen. Er steht völlig allein da.

Und wieder nimmt die Nacht ihn auf, aber sie besitzt nichts Tröstliches. Die Nacht von L.A. ist erbarmungslos für jemanden, der Hilfe braucht. In Richard Geres Gesicht, das immer tiefere Linien zeigt, ist diese Tatsache deutlich abzulesen. Seine Augen schwimmen in Einsamkeit. Man sieht ihn auf der Leinwand, im Auto, an einer Zigarette saugend, und man weiß, wie es um diesen Verfolgten steht.

Aber er nimmt das Heft des Handelns nun in die Hand, und findet heraus, daß einer seiner besten Auftraggeber die Schuld an seiner Misere trägt. Einer, der ihn schon immer überflüssig fand, zu arrogant für den Job. Jetzt rächt sich dieser miese Mann. Julian reagiert vorübergehend panisch: Er wirft ihn vom Balkon.

Jetzt scheint er wirklich erledigt. Er ist nun wirklich ein Mörder. Er landet im Knast.
Dort gibt es für ihn nur eine Rettung, und die heißt Michel. Sie ist die Frau des Senators Stratton, und liebt Julian Kaye. Sie kompromittiert sich jetzt selbst und besorgt ihm ein Alibi. Julian ist frei.
Das letzte Bild: Im Besuchsraum des Gefängnisses. Michel legte ihre schlanke, gepflegte Hand an die Trennscheibe, und von der anderen Seite legt Julian seinen Kopf dagegen und schließt die Augen. Er sagt: »Mein Gott, Michel, wir haben lange gebraucht, um zueinanderzufinden.«
Und noch nie in der Filmgeschichte, hat ein Zuschauer es einem Delinquenten mehr gegönnt, als in diesem Augenblick Richard Gere, daß die Last des Verdachts von ihm abfällt. Richard Gere kann seinen blauen Gefängnis-Drillich wieder ablegen, und sein todtrauriges Gesicht wird von einem Lächeln erhellt.

Sex-Appeal

Der »American Gigolo« schubste Richard Gere in seiner Karriere gewaltig nach vorn.
Sein ehemaliger Agent Limato sagte dazu: »Richards Natur und Charakter haben durch diese Rolle einen gewaltigen Wandel genommen. Er ist einerseits das geblieben, was er immer war, nämlich unverdorben. Und er hat andrerseits seine Emotionen nach dieser Rolle besser unter Kontrolle. Er ist reifer geworden. Beides ist aufregend.«
Dieses Urteil konnte jeder überprüfen, der Richard Gere in dieser Zeit privat kannte. Und der Schauspieler selbst sagte dazu:
»Je länger ich im Filmgeschäft bin, desto mehr begreife ich, daß die wichtigste Lektion ist: sich zu kontrollieren. Disziplin ist alles, nicht etwa der große emotionale Ausbruch, wie viele meinen. Die Kontrolle, genau das zu tun, was du tun wolltest. Das ist es, was ich immer mehr verbessern will. Auf dieser Basis kann ich zukünftig meine Rollen planen. Vielleicht, wer weiß, ruft eines Tages sogar Michelangelo Antonioni (der italienische

Regisseur von Filmen wie »Zabriskie Point«, B.S.) bei mir an und fragt mich, ob ich nicht mit ihm arbeiten will!«
Auf Antonionis Anruf wartet Richard Gere noch heute. Vielleicht hat der große Altmeister des italienischen Nachkriegsfilms einfach keine Rolle, vielleicht besitzt er selbst im desolaten Filmschaffen seines Heimatlandes Italien keinen nennenswerten Namen mehr. Eines war jedenfalls nach »Ein Mann für gewisse Stunden« klar: Richard Gere als eine der heißesten Begabungen Hollywoods, mußte nicht mehr auf Rollenangebote, woher auch immer, warten. Er war im Geschäft.
Die Kritik war sich einig. Gere war ein neues Phänomen in der Phänomenologie von männlichen Sexsymbolen, die das amerikanische Kino immer wieder hervorbrachte und offenbar nötig brauchte, um seinen Stoff ans Publikum zu bringen.
Gere stellte jedoch etwas ganz Neues dar. Er kombinierte den damals schwülen, »lateinischen« Appeal eines Rudolph Valentino, die rebellische Attitüde eines James Dean und das sexuelle Charisma einer weiblichen Sexbombe, wie sie Marilyn Monroe in ihrer besten Zeit gewesen war. Sein Eintritt in das Hollywood-Pantheon bedeutete neue Höhen in bezug auf Image und Ausstrahlung.
Richard Geres bisherige Auftritte hatten weniger mit Imagination und um so mehr mit sinnlicher Präsenz zu tun. Von »Auf der Suche nach Mr. Goodbar« bis »Ein Mann für gewisse Stunden« wurde sein Macho-Image

ausgebeutet und die stets vorhandenen Nacktszenen mit Geres maskulinem Charme so angereichert, daß das Publikum zu einer emotionalen Reaktion gezwungen wurde. Es wurde daran gewöhnt, mit dieser sinnlichen Kost gefüttert zu werden, wenn es einen Gere-Film sah. Und das gab es bisher nur in Verbindung mit weiblichen Sexsymbolen und deren Inszenierung als Objekten der Begierde.

Es war klar, daß dieser Status des neuen Hollywood-Stars auch seine Gefahren hatte. Dieser Status lief nämlich darauf hinaus, Gere als großes cinematographisches Ausstellungsstück zur Schau zu stellen, wie das mit früheren Star-Größen immer wieder ausprobiert worden war. Ein Mann mit der Ausstrahlung eines Richard Gere mußte, nach der Logik der Besetzungsstrategen der Traumfabrik, früher oder später in glamourösem Technicolor auf der Leinwand erscheinen. Möglichst in einem historischen Kostümfilm.

Diese Logik führte denn auch konsequent zu »König David« und damit ins Desaster. Doch noch war es nicht soweit.

Noch wurde Geres frischer Ruhm eher nach rückwärts verfolgt und analysiert – als logische Entwicklung einer Begabung. Zurück zu seinem ersten sinnlichen Auftritt als Tony Lapato, Diane Keatons brutalem Lover in »Auf der Suche nach Mr. Goodbar«. Seit dieser Zeit war er auf dem Sprung gewesen, zu einem der allerersten Kassenmagneten und Aktivposten der Besetzungsbüros zu werden. Und im Jahr 1982 hatte Gere freie

Hand, aus den Rollenangeboten zu wählen. Er stand nicht unter dem Druck, sein Image verteidigen zu müssen, denn das entwickelte sich noch.
Immerhin ging das Gerücht, Gere könne jederzeit 100 000 Dollar extra kassieren, wenn er sich bereit fände, eine Nacktszene in einen Film einzubauen. Aber darüber hinaus anerkannte jeder, daß er spielen konnte. Nicht nur insofern hob er sich aus der Menge der Sexsymbole, die in Hollywood ihre Chance suchten, weit heraus. Die Charaktere, die er bisher auf der Leinwand abgeliefert hatte, waren ihm so überzeugend gelungen, daß auch feinsinnige Kritiker meinten, er sei begabter, als auf dem Niveau eines selbstbezogenen, attraktiven Liebhaber-Darstellers stehenzubleiben.
Sein amerikanischer Gigolo hatte ihn zum Star gemacht, doch jetzt ging er noch einen Schritt weiter. Er hatte in der Gunst des Publikums das Teen-Idol John Travolta überholt, auch Robert Redford als Adresse für das Fan-Mittelalter, und sich unter die Top-Ten in Hollywood gemischt. Er war eine der Hauptattraktionen des Filmgeschäfts geworden.
Und jetzt begann die Filmindustrie, Stoffe auf Richard Gere zuzuschneidern. Nach dem Willen des Stars und seiner Berater mußten nun Aufgaben her, die seinen Körper und seine schauspielerische Begabung gleichermaßen präsentierten. Das war der Weg, der zu dem Film »Ein Offizier und Gentleman« führte.
Unter der Regie von TV-Regisseur Taylor Hackford, der den Erfolgsfilm »The Idolmaker« von 1980 gedreht

hatte, entstand dieses Lichtspiel, »das sich rühmen kann, zwei frische Gesichter zu präsentieren«, wie Geoff Brown in »Film Reviews« schrieb. Gemeint war neben Richard Gere das neue Talent Debra Winger, die Darstellerin mit dem entwaffnenden Lächeln.

Das Thema war konventionell: Junger Mann aus der Unterschicht steigt beim Militär zum Offizier auf und besiegt auf diesem Weg sich selbst und seine soziale Disziplinlosigkeit. John Ford hat das mit »The Long Gray Line« ebenso abgehandelt wie Nick Broomfield mit »Soldier Girls« oder Tony Scott später mit »Top Gun«.

»Richard Geres Held ist ein rebellischer Außenseiter«, merkte der schon genannte Kritiker Geoff Brown an, »ein Produkt seiner kämpferischen Kindheit. Erinnerungen an Vietnam hängen in der Luft wie schwarze Wolken.«

Und so spielte Gere seinen proletarischen Helden, der aus den Slums von Manila kommt und sich die weiße Offiziers-Uniform überzieht:

Als Zack Mayo in »Ein Offizier und Gentleman«

In Seattle, Washington, erhebt er sich ganz früh am Morgen aus dem Bett und geht ans Fenster. Draußen liegt noch die halbe Nacht über der Stadt. Er steht da, sein Umriß zeichnet sich gegen das matte Licht ab. Er steht entspannt auf dem linken Standbein, dann dreht er sich scheinbar selbstvergessen wie eine attische Idealgestalt aus der Hüfte heraus halb um und blickt ins Zimmer zurück. Seine blitzenden, schmalen Augen betrachten zwei Schläfer im Bett. Er sieht seinen Vater und eine philippinische Hure.

Danach fährt er sich – als würde eine heftige Erinnerung ihn jäh einholen – durch das halblange, dunkle Haar. Er steckt sich wie in Trance eine Zigarette an und beginnt intensiv zu rauchen.

So wie dieser Mann dasteht, kontrastiert seine äußerlich gefaßte und ruhige Haltung mit Gefühlen, die offenbar in seinem Inneren heftig rumoren. Oder warum saugt er so heftig an der Zigarette?

Bevor man aber dieses Rätsel überhaupt lösen kann, ist die Exposition des Films auch schon vorbei, der Zu-

schauer wird schnell in die Handlung hineingerissen, die Bilder entfalten ihren Reiz.
Als Sohn eines verlotterten amerikanischen Marinesoldaten ist Zack Mayo auf den Philippinen aufgewachsen, mehr oder weniger auf sich allein gestellt. Der Vater hat ihn zwar zu sich geholt, aber er wollte ihn nicht. So hat die Straße der anrüchigen Viertel eines US-Marinestützpunktes ihn »erzogen«.
Die Bilder dieser nie angenehmen Erziehung spuken jetzt, an diesem Morgen, in seinem Kopf herum – wie vermutlich jeden Morgen. Und eines Tages, damit beginnt der Film, beschließt er, die Flucht nach vorn anzutreten und sich selbst zur Marineschule zu melden. Er will Jet-Pilot werden, ein Soldat, ja, sogar ein Offizier.
Obwohl er im Moment eher wie ein heruntergekommener Hippie aussieht. Er steigt auf sein Motorrad und braust davon.
Zack Mayo ist noch ein ganz normaler, ein sympathischer, attraktiver Junge. Das wird sich unter der Fuchtel seiner Ausbilder schnell ändern.
Schon sind seine Haare weg und er sieht aus wie ein KZ-Häftling. Darauf legt es die Ausbildung im Camp an: Den Männern die Individualitäten zu rauben, sie auszulöschen als gesellschaftlich identifizierbare Wesen. Einer soll aussehen wie der andere: gesichtslos, charakterlos, gefühllos.
Und sie sollen darüber hinaus wandelnde Killer werden mit maschinellen Instinkten. Potentielle Mörder, die im

Ernstfall nicht zögern, zu töten. Nordamerikas uniformierte Elite für die Krisenherde dieser Welt.
In den ersten dreizehn Wochen der Grundausbildung besitzt er, wie seine Kameraden auch, noch seine aus lebensgeschichtlicher Erfahrung stammenden Eigengewohnheiten. Zack Mayo, der Junge aus den Slums dieses philippinischen Marinestützpunktes, ist zum Beispiel ganz groß im Organisieren auf dem Schwarzmarkt. Er hat sechs Jahre lang mit seinem Vater im lausigsten Hurenhaus des Landes gelebt, jetzt will er überleben mit jedem Trick, den er lernte. Sein proletarischer Klasseninstinkt ist ausgeprägt. Zack Mayo muß und will nach oben!
In diesen Momenten des Films ist Richard Gere am besten – jedoch nicht im Sinne einer glamourösen Darstellung. Er ist am besten, weil er hier seinen Status als Hollywood-Sexidol ganz reduziert auf eine kleine Nummer in grauer Uniform, die mit sozialem Egoismus herumstrampelt, um die Normen zu schaffen. Einer, der durchaus unsolidarisch gegen seine Kameraden nur ans Eingemachte denkt. Eine kleine Hinterhof-Ratte mit nettem Lächeln. Kein Held, keine Identifikationsfigur. Noch kein Offizier und Gentleman.
Am Abend, wenn er sein Mädchen trifft, ist er ganz scharfer Junge, in Prügeleien mit Einheimischen ist er der Macho, der anwendet, was er auf der Marineschule lernte. Und die Arroganz der Offiziersschüler besitzt er auch schon. Er spaziert durchs Leben, getre-

ten von den Ausbildern und tretend gegen alle anderen. Hier wächst ein Patriot heran.
Richtig gut ist dieser Mayo allerdings während der Ausbildung. Hier strengt er sich an, ein Mann zu sein – oder zu werden. Er überwindet alle Hindernisse, selbst die gefährliche Hürde des Unterwassertests für den zukünftigen Piloten in Not, er übersteht seine Ausbilder und alle Identitätskrisen. Dieser Soldat scheint aufgrund seiner Vorgeschichte bestens gerüstet, Karriere in Uniform zu machen.
Denn er weiß nicht, was er sonst machen soll. Er weiß nicht wohin. Sein Masochismus ist stark genug ausgeprägt, um alle Quälereien der Ausbildung zu ertragen. Das Leben hat ihn präpariert, alles hinzunehmen, wenn es nur dazu führt, daß er in der Armee bleiben darf. Im Klüngel der Kameraden, die ebenso wie er sich in Blut, Schweiß und Tränen wälzen.
Richard Gere spielt diesen Kerl, der sich vor den Ausbildern im Dreck suhlen muß, mit dem ganzen amoralischen Narzißmus des Straßenjungen, der ganz von unten kommt. Und der Film von Taylor Hackford feiert diesen sozial reduzierten Charakter, der sich bei der Armee wohlfühlt, dessen Ausbildungsprogramm heißt: Den eigenen, zivilen Schlendrian zu überwinden, um für abstrakte, nationale Ideale tauglich zu sein. In der Sprache dieses Films heißt das: Ein Mann zu werden.
Dazu gehört es, den Schmerz auszulöschen, zu begreifen, daß jeder Mensch allein ist auf der Welt. Zack Mayo glaubt daran. Oder er glaubt, daß er es glaubt.

Als Matt in »Yanks – Gestern waren wir noch Freunde«

Mit Lisa Eichhorn in »Yanks...«

Zack Mayo trägt seine Paula (Debra Winger) auf Händen (»Ein Offizier und Gentleman«)

Eine Affäre, die tödlich endet: Gere mit Elpidia Carillo in »Der Honorarkonsul«

Als Dixie Dwyer in »Cotton Club«

»König David«

Der Krieger David bereitet sich auf die Schlacht mit Goliath vor (»König David«)

Gere als Pete St. John in »Power – Weg zur Macht«

Der routinierte Medienmacher in der Krise (Gere mit Julie Christie in »Power – Weg zur Macht«)

Einer der besten Filme des Stars: »Gnadenlos« (mit Kim Basinger)

Eddie Jillette und Michelle in den Sümpfen von Louisiana (»Gnadenlos«)

Der Star in »Miles from Home«, seinem Wunschfilm am Ende der achtziger Jahre und dem offiziellen US-Beitrag zu den Filmfestspielen von Cannes 1988

Seine Freundin Paula versucht, es ihm auszureden. Aber die Situation des Soldaten Mayo ist nun mal, wie sie ist.
Ein Dialog macht das deutlich.
Paula sagt nach einem Wochenend-Besuch Zacks in ihrem Elternhaus: »Wenn du mal Zeit hast, die Woche, dann ruf mich doch an.« Und er antwortet: »Ja, ich versuch's. Aber ich habe Überlebenstraining. Ich kann dir nichts versprechen.« Dann fährt er auf dem Motorrad in sein Camp, und sein Wochenendabenteuer Paula bleibt allein. Ein Mann im dauerhaften Überlebenstraining kann sich mit nichts belasten, schon gar nicht mit Liebesgefühlen. Das ist eine Situation, die Zack Mayo schon lange aus seinem Alltag kennt. So kommt er hier im Camp vom Regen in die Traufe.
Allerdings bietet ihm der Film, der einem Bildungsroman gleicht, einigen Ausgleich für seine Macken. Im Angesicht der Frauen muß er doch, ob er will oder nicht, einiges lernen. Über sich, über die Liebe, über Gefühle, über Verantwortung.
Und schließlich darf er sogar seinen Leuteschinder aus der Grundausbildung lieben. Allerdings auf die Art der Soldaten: Indem er ihm die Fresse poliert und sich von diesem die Fresse polieren läßt. John Wayne und alle Green Berets lassen grüßen.
Zack Mayo wird ein ganzer Kerl. Der Steuerzahler steckt in die Ausbildung dieses Mannes 1 Million Dollar. Und wofür? Damit er eines Tages keine Skrupel hat, aus dem Jet Bomben auf Dörfer zu werfen, in de-

nen Frauen und Kinder leben – so jedenfalls annoncierte sein Ausbilder sein zukünftiges Tun. Wird Mayo dazu in der Lage sein? So wie er schließlich dasteht, in seiner blitzweißen Uniform, mit blitzenden Augen, schafft er es.

Richard Gere findet für diesen Mann, der aus dem Dreck kommt, sich bei der Army weiter – diesmal offiziell – im Dreck wälzt und dadurch langsam zu gesellschaftlicher Anerkennung findet, die entsprechende Körpersprache.

Er gibt sich betont lässig und schlaksig. Er bewegt sich provozierend. Er schiebt viel Zwischenraum zwischen sich und seine Mitmenschen. Da er nicht der Fixeste im Kopf ist, braucht er seinen Körper, um sich auszudrükken. Das tut er mit den muskulösen Bewegungen, die ein ehemaliger Straßenjunge drauf hat. Mit dem Sex-Appeal des Jungen aus der Gosse. Durch die Veräußerlichung aller seiner Emotionen, die sich dadurch in Gesten niederschlagen.

Daran wie er die Frauen anfaßt, wie er Zigaretten raucht, wie er seine Drinks nimmt, erkennt man den kleinen, in seinen Allmachtsphantasien zurückgedrängten Mann, der nun in Uniform auftrumpft. Der nun drauf und dran ist, alles umzukehren und aus seinen Nachteilen Vorteile zu machen. Ein kleiner Mann, dessen soziale Deprivation ihn befähigt, bei der Armee bestens zu funktionieren. So angepaßt und karrieregeil wie er ist, ichschwach und haßerfüllt, kann er nur ganz groß rauskommen. Und er kommt gewaltig.

Es gehört Mut dazu, einen solchen Typ zu spielen, denn sympathisch ist er nicht. Und Richard Gere bemüht sich überhaupt nicht, etwas von seiner eigenen Attraktivität als Star und Sexsymbol in diesen Charakter zu senken. Er stattet ihn nicht aus mit Richard-Gere-Futter, er zeigt ihn lediglich vor. Er demonstriert, daß er diesen Mann *spielt*. Zu klug, um der martialischen Ideologie dieses militaristischen Films zu verfallen, benutzt er den Brechtschen Zeige-Gestus, stellt den Zack Mayo vor sich hin und deutet auf ihn: Seht her, so ist dieser Mann, was haltet ihr von ihm?

Ein Name als Versprechen

Der Film »Ein Offizier und Gentleman« avancierte zum großen Kassenerfolg, und Richard Gere zählte mit knapp 33 Jahren zur kleinen Gruppe der internationalen Superstars. Im Jahr 1982/83 sehen wir, daß er es geschafft hat, als Star ein sich selbst reproduzierendes Sex-Symbol zu sein, das dem Publikum im Parkett intensive »Affären« zu versprechen – und einzuhalten – in der Lage war. Die Voraussetzung für Star-Power.

Sein Name war ein Versprechen geworden, Wünsche und Bedürfnisse zu wecken und zu stillen. Gere war mehr als die Summe seiner Glieder und mehr als die Summe seiner bisherigen Filmrollen: Er war das neue Macho-Symbol, das Hollywood den Massen vorwarf.

»Es ist die neue Generation der Newmans und Brandos, die mit Gere kommt«, konstatierte der Vizepräsident der Produktionsfirma Orion, Mike Medavoy, einer der Image-Macher, die es wissen müssen. »Das Stigma gutaussehender männlicher Stars ist mit ihm verschwunden.«

Dank Richard Gere fragten die Casting-Agenten

fortan, wenn ein Screen-Test in Hollywood anstand, zuerst die sogenannten »weiblichen« – also schönen Männer – ob sie sich mit der zu spielenden Figur identifizieren könnten.

Fragte man in dieser Zeit in Hollywood die mächtigen Manager nach dem Grund für die Popularität der aktuellen Machos der Leinwand, verwiesen sie einhellig auf deren Begründung aus der sozialen und politischen Richtungslosigkeit, die das Land nach dem Desaster des Vietnamkrieges erfaßt hatte. In harten Zeiten sind harte Männer gefragt – wenn sie auch noch gut aussehen, um so besser.

Der Kult kalifornischer Körper, der die eigene Sinnlichkeit als feilzubietende Ware einsetzt, tat ein übriges, um den neuen Trend zum Machismo zu fördern. Selbst in der Frauenbewegung war der neue Typus Mann Anfang der 80er Jahre nicht mehr umstritten. Körpersprache war plötzlich »in«, Intellektualität stand in Frage.

Daß Richard Gere ein Darsteller war, der diesen Trend zwar verkörperte wie kein Zweiter, andererseits jedoch einen kräftigen Schuß Individualismus und Rebellentum hinzufügte, kehrte die traditionellen Rollenvorstellungen um. Richard Gere wurde deshalb von den Imagemachern schnell begriffen als Desperado und Rebell, der in einer Zeit der gesellschaftlichen Dekadenz als Leitfigur dienen konnte. Aus seiner Gestalt konnte sich so ziemlich jeder seinen Teil an Identifikation herauspicken.

Da dies nun einmal so war, kam dem Star ein neues

Rollenangebot gerade recht, das sein neues Image zur Voraussetzung hatte. Jim McBride wollte den Kultfilm »Außer Atem« neu verfilmen, und Gere sollte die Rolle übernehmen, die Jean-Paul Belmondo 1959 gespielt hatte. Und da Gere sich vorgenommen hatte, jedes Jahr mindestens einen guten Film zu drehen, sagte er zu.

Schwierigkeiten beim Filmemachen

»Atemlos«, so sollte das Remake heißen, hatte eine Vorgeschichte wie jedes Filmprojekt. Aber eine besonders lange und aufregende dazu.

Die Idee dazu wurde an einem heißen Sommer-Wochenende 1978 in Los Angeles geboren. Jim McBride und der Autor L. M. Kit Carson (der später mit Wim Wenders zusammen »Paris Texas« realisieren sollte) saßen zusammen und redeten. Carson hatte gerade das Script zu einem Horrorfilm für Tobe Hooper abgeschlossen, und McBride war von seinem Einfall, »Außer Atem« zu wiederholen, schon seit einiger Zeit angetan. Er überzeugte Carson von seiner Idee, und dieser schlug sie einem Produzenten vor, den er flüchtig kannte.

Der nächste Schritt, nachdem Produzent Marty Erlichman von der Idee ebenfalls angetan war: ein Treatment. Carson und McBride schreiben es gemeinsam. Dann machen sie eine Vorführung des alten Godard-Klassikers »Außer Atem« in den Paramount-Studios – die möglichen Produzenten schlafen mitten in der Vorstellung ein. McBride sieht daraufhin sein Projekt schon gescheitert. Erlichman hat mitten in der großen Liebesszene zwischen Belmondo und Jean Seberg geschnarcht. Carson sagt: »Es war eine miserable Idee von uns. Erlichman hat die Streisand entdeckt. Das können wir vergessen!« Dann steckt der Produzent seinen Kopf durch die Tür und sagt: »Die Sache gefällt mir. Laßt unsere Juristen das weitere ausarbeiten.«

Der nächste Schritt ist, das Einverständnis von Jean-Luc Godard zu bekommen, der »Außer Atem« inszeniert hatte. Kein leichter Punkt, der Regisseur gilt als schwierig. Aber er gibt überraschend schnell sein O.K.

Jetzt wird die Idee konkreter. Aber die Probleme fangen damit für McBride und Carson erst an. »Außer Atem« muß in die 80er Jahre und nach Nordamerika versetzt werden. Viele Entwürfe entstehen – und werden wieder verworfen. Die Idee mit dem Rock'n'Roll, für den der Held Jesse Lujack schwärmt, bleibt bestehen.

Die beiden Autoren stellen Godard, bildlich gesprochen, auf den Kopf. Er machte es cool, sie wollen es heiß. Später kommt ihnen Jerry Lee Lewis, für den Lujack schwärmt, nicht mehr bedeutend genug vor. Also nehmen sie die Comic-Figur des »Silbernen Surfer« hinzu, eines Helden der Marvel-Comics. Das zusammen ergibt den »Bogart«, für den noch Jean-Paul Belmondo im Godard-Film schwärmte.

Der Produzent ist noch immer angetan. Und im November des gleichen Jahres (1978) steht die erste Fassung des Drehbuchs. Ein paar Tage später jedoch sagt McBride zu Carson, daß er nicht der Regisseur des Films sein darf. Daraufhin treffen sich beide mit den Managern der Paramount. Sie haben Probleme mit dem Drehbuch. In Wahrheit lehnen sie jedoch die beiden jungen Männer ab, die ihnen zu »unseriös« erscheinen. Beide sollen nur noch »beratend« tätig sein.
Im Februar 1980 interessiert sich die »Orion Pictures« für das Projekt, aber Jim McBride wird weiterhin als »Beatnik« abgelehnt. John Travolta und Al Pacino sind im Gespräch, lehnen aber nach einiger Zeit ab.
Im Februar 1981, also genau ein Jahr später, verzichtet Jim McBride freiwillig auf die Regie, damit das Projekt endlich starten kann. Franc Roddam, der zuvor den Who-Film »Quadrophenia« machte, soll nun die Regie führen. Er ist es auch, der Richard Gere ins Gespräch bringt.
Inzwischen ist der Film von »Orion« zu »Paramount« gewandert. Aber nach einigem Überlegen legt man das Projekt dort zu den Akten. Man will keinen Film riskieren, bei dem ein »Polizistenmörder« der Held ist. Aber Richard Gere wird nun zur entscheidenden Triebfeder des Projekts. Er will die Rolle unbedingt spielen.
Anfang 1982 sucht Richard Gere nach Partnern. Er bringt den Regisseur Michael Mann mit ein, der ein neues Drehbuch schreiben soll. Orion Pictures ist jetzt

wieder interessiert. Gere verhandelt hartnäckig mit der Filmgesellschaft.
Michael Mann serviert sein neues Drehbuch, aber es ist »Orion« zu schräg und böse. »Mit diesem Script ist das Projekt gestorben!« läßt ein Verantwortlicher verlauten. Erlichman unternimmt einen letzten Versuch, doch noch Jim McBride ins Geschäft zu bringen. Doch da schreckt Richard Gere zurück, dem es zu riskant erscheint, mit McBride zu arbeiten, der lange Zeit nicht mehr Regie geführt hat. Die Regisseure Paul Schrader und Jonathan Demme vermitteln daraufhin zwischen Richard Gere und Jim McBride. Beide kommen ins Gespräch.
Sie sprechen zwei geschlagene Tage lang über den Film. Dann sagt Richard Gere: »Jim ist der erste Bursche, mit dem ich gesprochen habe, der diesen Film wirklich versteht.« Aber noch will er sich nicht endgültig festlegen.
Im Mai 1982 findet dann das entscheidende Treffen statt. Mike Medavoy von »Orion«, der Produzent Erlichman, McBride, jede Menge Film-Manager und Richard Gere setzen sich zusammen. Jim McBride muß sich verteidigen. Warum will er unbedingt einen Film machen, den es in den 50er Jahren schon einmal gab? Richard Gere, der zunächst ruhig zuhört, wird plötzlich stinkig. Ihm paßt die überhebliche Tonart der Filmbosse nicht. Er beginnt vehement, das Projekt und Jim McBride zu verteidigen. Daraufhin dreht sich Mike Medavoy zu ihm um und sagt:

»Wie du weißt, Richard, wollen wir diesen Film machen – und zwar jetzt! Wir möchten, daß Jim McBride Regie führt. Bist du unter diesen Voraussetzungen bereit, die Hauptrolle zu übernehmen?«
Richard Gere steht auf, wandert im Konferenzraum einmal herum, zweimal, dreimal. Er spricht nicht. Dann stoppt er vor McBride, sieht ihn lange an, streckt ihm die Hand entgegen. McBride ist wie betäubt. Dann steht er auf und umarmt Richard Gere.
Am nächsten Morgen ruft Jim McBride seinen Freund L. M. Kit Carson aus Los Angeles in New York an und sagt: »Wir machen den Film. Komm sofort her. Wir müssen innerhalb von zehn Tagen ein neues Drehbuch schreiben.«
Am 1. Juni 1982 treffen sich Carson, McBride und Richard Gere in Carsons New Yorker Wohnung. Sie beginnen, gemeinsam zu arbeiten. McBride sitzt auf einem Sofa, Carson an einem großen Tisch, Richard Gere nimmt am Schreibtisch Platz. Sie reden, schreiben, korrigieren. Langsam entsteht das neue Drehbuch. Richard Gere hat wesentlichen Anteil daran.
L. M. Kit Carson beschreibt die Situation in seinem Tagebuch »Breathless Diary« so:
»Unser Triangle-Team funktioniert großartig. Ich bin in der Rolle, die Einfälle zu produzieren, McBride bleibt skeptisch, wählt aus und modifiziert die Ideen, und Gere überwacht das ganze Spiel. Und das beste daran ist: Richard Gere greift oft ein, stellt sich manchmal auf meine Seite und manchmal auf Jims, er spielt sowohl

den Richter, der die Partie beurteilt, als auch den Joker, der Überraschungen einbringt. Ein ironischer, sich über unsere Scheingefechte amüsierender Angelpunkt in unserer Mitte.«

Das Drehbuch ist am 15. Juni 1982 fertig und »Orion Pictures« genehmigen es. Am 18. Juni fliegen Erlichman, McBride und Richard Gere nach Paris, um die weibliche Hauptrolle auszuwählen. Unter siebzig Schauspielerinnen picken sie die 18jährige, bisher unbekannte Valérie Kaprisky heraus, die sie in einem französischen Magazin entdeckten. Richard Gere ist begeistert von der kapriziösen, hübschen Französin, mit der er schöne, erotische Sequenzen zu drehen hat.

Noch einmal soll L. M. Kit Carson zu Wort kommen, der in seiner bildreichen Sprache im Präsenz den Weitergang der Vorbereitungen beschreibt:

»Am 20. Juli treffen wir uns im Zoetrope Studio. Richard Gere ist im Begriff, die Lücke zu schließen zwischen sich und der Rollenfigur Jesse Lujack. Die letzten acht Wochen haben wir unaufhörlich über Jesse gesprochen. Er soll ständig auf 180 sein, gut drauf. Gere ist jetzt dabei, aus der Fiktion ›Realität‹ werden zu lassen, er muß diesen Verrückten schließlich verkörpern.

Und an diesem Nachmittag arbeiten wir an einer Szene, Gere spricht Jesses Dialoge – und plötzlich spricht er die Sätze, die McBride und ich erfanden, in einem ganz neuen, irren Rhythmus. Ich sehe auf und da steht er: lachend, parlierend, mit den Schultern rukkend, sich aus den Hüften heraus bewegend – ein fremder Sound insgesamt, aber ich merke, wie Gere sich hineinsteigert und ein anderer Mensch wird. Er verliert völlig seine eigenen Konturen, erweitert seine inneren Dimensionen. Er hat es, Jesse Lujack ist in ihn hineingeschlüpft!«

Am 2. August beginnen die Dreharbeiten. Der Rest ist bekannt als »Atemlos«.

Und so spielte Richard Gere die Figur, die er in den Zoetrope Studios nach den Entwürfen von Jim McBride und L. M. Kit Carson entwickelt hatte:

Als Jesse Lujack in »Atemlos«

Er liebt und verehrt »The Killer«, Jerry Lee Lewis. Und wie er ihn liebt. So sehr, daß er sich in die gleichen geschmacklosen Farben und Westernklamotten kleidet, auf eisenbeschlagenen, hochhackigen Schuhen herumtänzelt und die Sonnenbrille auf die Nase setzt, die sein Idol bevorzugt.

Jesse Lujack liest außerdem die Comics des »Silver Surfer« – was heißt schon: er liest? Er verschlingt sie! Und eine geöffnete Bierflasche ist auch ständig in seiner Hand.

Mann, Jesse, du bist eine Wucht! Und der beste Autoknacker der Szene von Las Vegas ist er noch dazu. Die Nutten der Nacht sind wie die Wilden hinter diesem heißen Kerl her, doch der kneift nur überlegen ein Auge zu, lächelt jungenhaft frech und gibt Gas. Ihm kann keiner!

Dieser Junge ist tatsächlich eine Augenweide. Und er liebt Monica. Die Kleine lebt leider zur Zeit in Los Angeles, und schon ist Jesse unterwegs in einem geklauten Porsche, unterwegs zu Monica, mit der er nach

Mexiko will. Mit Monica nach Mexiko, wow! Von dieser Absicht ist unser Jesse ganz begeistert. Und er gibt noch mehr Gas.
Richard Gere ist schon in den ersten 150 Sekunden des Films von Jim McBride voll da. Er gibt sozusagen den Ton an. Und der Ton dieses Film, ein Remake von »Außer Atem« von Jean-Luc Godard mit Jean-Paul Belmondo aus dem Jahr 1959, ist, wie bei seinem Vorgänger: schnell, hitzig, nervös, anarchistisch, frivol.
Richard Gere in der Neuauflage als Jean-Paul Belmondo. Das verführte viele Kritiker von vornherein dazu, dieses selbstmörderische Filmunternehmen, mehr als zwanzig Jahre nach »Außer Atem«, zu belächeln. Oder, je nach Temperament, zu verhöhnen, zu beschimpfen, madig zu machen – selbst ohne es gesehen zu haben.
Aber der Film zeigte es allen. Er trumpfte auf. Und ein sehr wesentlicher Anteil an seinem Erfolg geht auf das Konto von Richard Gere, der seine Rolle vom ersten Moment an mit soviel Power ausstaffierte, daß das Publikum begeistert war über die körperbetonte Präsenz und brillante Personality-Show des Schauspielers.
Jesse rast also nach L. A. Im Handschuhfach findet er einen Revolver. Er schiebt »Breathless« von Jerry Lee Lewis in den Autorecorder. Killerrock, wie er es nennt. Die Sonne geht unter. Sonnenuntergang, Silver Surfer, Revolver, Killerrock – das Leben selbst ist im Porsche unterwegs, Babe!
Richard Gere genießt die Rolle des verrückten, lebens-

lustigen Jesse. Sein wohlfrisiertes, schwarzes Haar weht im Fahrtwind. Sein feuerrotes Hemd steht ihm toll. Und wenn er die Jerry Lee Lewis Songs mitsingt und auf einem imaginären Klavier mithämmert, dann scheint er im Rhythmus zu explodieren.

Zufällig, ohne es wirklich zu wollen, erschießt er einen Verkehrspolizisten, der ihn wegen überhöhter Geschwindigkeit stellt. Danach ist aus dem Fan von Jerry Lee »The Killer« Lewis ein – kurzfristig verwirrter und verdutzter – Polizistenmörder geworden. Einer wider Willen, aber ein Killer. Er ist seinem Idol näher gekommen, der damit prahlte, daß aus seinen Konzerten keiner lebend herauskäme.

Monica Poiccard – sie trägt den Nachnamen des männlichen Helden in »Außer Atem«, der Michel Poiccard hieß – wartet nicht gerade auf diesen Mann Jesse. Obwohl sich der Angereiste sorgfältig auf sie vorbereitet. Er duscht sich – die Kamera erfaßt das Hollywood-Sexsymbol natürlich ganz nackt – putzt sich die Zähne, wäscht sich die Haare und liefert sogar eine Polaroidaufnahme von sich gratis dazu.

Dann macht er sich auf zur Universität, wo seine Angebetete gerade eine Architektur-Prüfung ablegen muß. Jesse richtet dort ein mittleres Chaos an und bringt Monica in ziemliche Schwierigkeiten. Sein egozentrischer Anarchismus geht so weit, daß nach seinem Auftritt die Herren Professoren ihre gesamte Kleidung in die Reinigung geben müssen. Und Monica hat den Mann, den sie einmal für ein paar Nächte in Las Vegas kannte, tatsächlich wiedererkannt. Wahrlich ein voller Erfolg für den verrückten Jesse.

Richard Gere ist nun überhaupt nicht mehr zu bremsen. Seine Spiellaune bordet über. Exakt getimt und chaotisch zugleich sind seine Slapstick-Aktionen. Er spielt ganz aus dem Bauch und aus dem Bizeps heraus. Eine Glanznummer.

Er steht keine Sekunde still. Und seine Zigarette geht nie aus. Er tänzelt vor Monica her. Ist er verrückt nach dem Mädchen? Wahrscheinlicher ist, daß er nur verrückt nach sich selbst ist, ein springender Narziß mit Rock'n'Roll im Kopf, der das Leben für einen Selbstbedienungsladen bzw. eine Party hält und sich selbst nicht an die Kette legen lassen will.

Jesse steht nicht still. Grünweiß-karierte Hosen, rotes Seidenhemd mit Rüschen, Stahlbeschläge an den Schuhen, obszöne Körperhaltungen beim Anblick jeder attraktiven Passantin – Mann Gottes, wo soll das enden! Er ist eben ein Las-Vegas-Typ, ein Kerl, der sich für unwiderstehlich hält. Allzu viele haben ihm das schon bestätigt.

Und die Mimik des Darstellers Richard Gere drückt genau das aus. Er findet für seine Figur die passenden Gesten und den entsprechenden Gesichtsausdruck, die zutreffenden Worte – und den typischen, geklauten Wagen. Alles stimmt. Gere verwächst mit seinem Jesse, er wird eins mit ihm, so wie damals Belmondo eins wurde mit Michel Poiccard.

Jean-Paul Belmondo in »Außer Atem«. Ein Vergleich der beiden Filme:
»Außer Atem«: Eine filmische Reflexion über Gangsterfilme. Mit einem Helden, der nicht so handeln will, wie ein richtiger Gangster nun mal handelt. Sein Programm lautet nicht Leben oder Tod, sondern: Liebe und Tod.«
Michel Poiccard, der Autodieb in Godards Kultfilm, baut sich eine Figur aus Gesten und Haltungen des Gangsterkinos und seiner bekannten Helden. Als cooler Dissident der Großstadt Paris findet er die außerfilmische Wirklichkeit einfach langweilig. Das Leben, meint er, kann dem Kino nur hinterherhinken. Michel Poiccards Distanz zu allem, was um ihn herum und mit ihm geschieht, reflektiert – naiv und unbewußt – das Medium Kino, aus dem er seine gesamten Verhaltensweisen bezieht.
Mit Patricia, der französischen Studentin in Paris, will er, der keine Freunde, nur Kumpels hat, die ihn im Ernstfall identifizieren könnten, eine Freundschaft, die alles an Männerfreundschaften ersetzt. Aber das Mädchen experimentiert noch. Sie will Karriere machen, und Liebe macht nur dumm und blind, also hält sie sich da raus. Sie wirkt mit dieser Einstellung auf Michel Poiccard rätselhaft wie eine Sphinx, die schon alles weiß. Aber eigentlich ist sie nur zu jung und zu indifferent und sucht nach einer für sie passenden Lebensgeschichte.
Die beiden leben vorübergehend in Patricias Ein-Zim-

mer-Apartment wie auf Abruf. In Räumen, die Durchgangsstationen gleichen. Sie vermeiden jetzt beide die starken Gefühle, die angeblich nur schwach machen. »Außer Atem« zeigt mit diesem Programm die erste moderne und realistische Liebesbeziehung der Leinwand.
Jean-Paul Belmondo ist ausgestattet mit einer Einstellung, die ihn zum ersten Punk des Kinos machte, Jean Seberg ist sein kurzhaariges New-Wave-Neonbaby.
»Außer Atem« war ein Film gegen die herkömmliche Filmsprache. Im Frühlicht, mit scharfen Kontrasten auf einem neuen Filmmaterial (Ilford HP 3) aus der Fototechnik gedreht, das hier erstmals für einen Spielfilm eingesetzt wurde. Vor Ort improvisiert, mit Schwenks und Fahrten, die den Filmorthodoxen und Kritikern die Haare zu Berge trieb.
Die Schwenks hörten nicht da auf, wo sie üblicherweise enden. Sprünge über die Bildachse hinaus, Kamerafahrten in einem Karren – der ganze Film aus der Hand gedreht –, extreme Bewegungen und Beleuchtungen in Innenräumen. Zentrale Handlungsmomente, die nur angedeutet werden, und dagegen: Literarische und filmische Verweise, die nicht der Handlung dienen; Auftritte von berühmten Kollegen wie Jean-Pierre Melville; Kinoreminiszenzen und Realreminiszenzen, wie der Umzug der Gaullisten über die Champs-Elyseés beim Besuch Dwight D. Eisenhowers. Dazu die bewußt »billige« Machart im Stil der Hollywood-B-Pictures.
Und ein unüblicher Schnitt, der das »Gemachte« der

Sequenzen betonte. Mit diesen handwerklichen Regelverstößen fing die Regie die gesellschaftliche Gärung der frühen sechziger Jahre ästhetisch ein. Der Film feierte das Ungeordnete und den Augenblick. So wie Jim McBrides Remake, mit Wut im Bauch, das Ende der Anarchie in den 80er Jahren attackierte, bzw. nicht wahrhaben wollte.

Und Belmondo als Michel Poiccard war der uneingeschränkte Star des Films, so wie Richard Gere der uneingeschränkte Star des Remakes ist.

Richard Geres Jesse hat wie Belmondos Michel ein Talent zur Veräußerlichung seines individuellen Charakters. Im Gehen und Stehen kann er eine präzise Gestalt gründen. Wie früher James Cagney mit der Lust an der herausfordernden Bewegung durchquert er die Räume, die Straßen und die Kulissen. Er scheint keine Erinnerung und keine Geschichte haben zu wollen – also ist sein Schritt leicht und federnd. Er lebt nur für das Heute.

Lässig demonstriert Jesse, daß es nichts zu lernen gibt. So leugnet dieser Tatmensch seinen heimlichen Fatalismus, der sein sozialer Makel ist. In der Tradition der »schwarzen« Helden Hollywoods, die Gefühle über Requisiten ausdrückten und die sein Regisseur Jim McBride natürlich bestens kennt, ist Richard Gere alias Jesse ein Virtuose alltäglicher Situationen, die er gestisch vertieft.

Er setzt die Zigaretten wie ein Whiskyglas nippend an die Lippen, wo sie immer in Bewegung bleiben. Seine

Zigaretten gehen nie aus. Dem Rauchen gewinnt er sogar mehr Ausdruck ab als dem Töten. Denn er raucht bewußt, tötet jedoch zufällig.
Jesse ist ein Rock-Abenteurer. Ein Spieler, der mit seinen Rollen vom Boden abhebt, um in der Luft der Phantasie probeweise zu überleben. Das ergibt für ihn die amüsanten Gelegenheiten, sich in voller Körpergröße zu präsentieren. Er zitiert Rock- und Filmposen mit dem Fingerzeig des Als-Ob. Seine Vorgänger und Idole im Entertainment kennt er genau und imitiert sie. Selbst sein Tod wirkt noch wie eine Imitation.
Jean-Paul Belmondo starrte vor dem Pariser Mac-Mahon-Kino selbstvergessen das Aushangfoto Humphrey Bogarts an. Er wollte seinem Star gleichen. Die »zärtliche Gleichgültigkeit der Welt« genoß er wie der existentielle Mensch Mersault in der Erzählung »Der Fremde« von Albert Camus.
Gleichzeitig weiß er, daß die Polizei ihn zur Identifikation vorführen wird. Deshalb baut er sich eine Figur aus Gesten und Haltungen des Hollywood-Films. Er schlüpft in die Maskerade einer Kunstfigur – so wie zwanzig Jahre später Richard Gere in die Maskerade einer anderen Kunstfigur schlüpfen wird. Der eine war 1959 ein Nonkonformist des Kinos, dessen Distanz zum Geschehen schon das Medium reflektiert, das ihn in Szene setzt. Der andere ist 1982 ein Mann ohne Eigenschaften, der zu viel Rock'n'Roll gehört hat und nun das Gefühl aus zweiter Hand ge-

nießt, mit der Geliebten Monica ein Road-Movie nachspielen zu können, das beide bis nach Mexiko führen soll.
Und schon sind beide auf dem Highway. Ja, tatsächlich, Monica macht mit. Der Wind weht, Jerry Lee Lewis dröhnt aus dem Autolautsprecher, Monica lächelt – alles ist in Butter. Jesse sitzt in seinem pinkfarbenen Sportwagen wie ein King.
Aber so niedlich wie er die Probleme macht sind sie nicht. Schließlich sucht die Polizei ihn, den Polizistenmörder. Und da er nicht Jesse James ist, sondern Jesse aus Las Vegas, dem Spielparadies, werden sie ihn bald haben. Doch noch überspielt Jesse dieses Problem mit einem gewinnenden Lächeln in Richtung Monica.
Monica trifft sich jedoch an diesem Abend mit einigen Fach-Kollegen, die sie beruflich weiterbringen sollen. Wie gesagt: Sie denkt an Karriere. Da muß Jesse vorerst warten. Und dieser spielt den Beleidigten, wie ein trotziger, kleiner Junge läßt er die Reifen seines Sportwagens quietschen, den Motor aufheulen und rast davon.
Zum ersten Mal in diesem Film schlägt Jesse leisere Töne an, nachdem er in der Zeitung das Bild des Polizisten sieht, den er getötet hat. Er beginnt endlich zu begreifen, daß er im Schlamassel sitzt. Und danach geht er langsam in die Dunkelheit, diesmal ohne seinen ewigen Tanzschritt, ganz langsam und besonnen. Ein vorzeitiger potentieller Verlierer, der das eingesehen hat. Breite Schultern, schmale Hüften, großgewachsen – ein Siegertyp, der den Verlierer spielt, ganz stark.

Von Monica will Jesse nach wir vor »alles«. Und sie wiederum will von ihm »irgendwas«. Auch hier kann Jesse also nur verlieren. Aber er ignoriert das. Bevor er einen richtig starken Abgang im Stile etwa seines Comic-Idols, des silbernen Surfers macht, will er noch einmal seine Stärke spüren, und die liegt eindeutig im erotischen Bereich. Also kriegt er Monica rum.
Er ist ein ausgezeichneter Verführer. An dieser Stelle des Films wird die Filmfigur Jesse ganz zu Richard Gere. Der Schauspieler dominiert die folgende Sequenz in Monicas Apartment durch seine körperliche Präsenz. Wenn er lebt, dann geht es um »alles oder nichts«. Konkret heißt das zunächst einmal, daß die Duschaufbauten zu Bruch gehen, nachdem er Monica gepackt hat. Angetörnt vom Rock'n'Roll, rückt er dem Mädchen auf den nackten Leib. Und er läßt es sich nicht entgehen, seine erigierte, männliche Pracht dem Zuschauer, wo immer der sich auch befindet, zu präsentieren. Das ist Richard Gere, wie seine Fans ihn zu dieser Phase seiner Karriere sehen wollen – der Mann für jede Gelegenheit, für gewisse Stunden, der Erotiker vom Dienst und der Star ohne Wenn und Aber, der seine Rolle ganz und gar spielt.
Nachdem er sich nackt zeigte, lächelt er unschuldig in die Kamera. Nachdem er durchaus ordinär grinste, flüstert er seiner Angebeteten Zärtlichkeiten ins Ohr. Er ist wirklich wie ein Kind, das alles sofort haben will und dabei zu keinem falschen Gefühl in der Lage scheint.
Nach der Erotik wird aus Richard Gere schnell wieder

Autodieb Jesse, der sich mit dem Silbernen Surfer identifiziert. Denn: »Wo immer der silberne Surfer seine Bahn zieht, muß er sie allein ziehen«, liest Jesse vor. Das sei traurig, findet Monica, die noch nicht versteht, daß Jesse, in naiver und doch realistischer Identifikation, sich selbst damit meint. Denn so egozentrisch wie er ist, wird er niemanden an seiner Seite halten können. Natürlich läßt Jesse sein Hemd offen, wenn er durch die Stadt geht, die Frauen sollen sehen, was an ihm dran ist, er weidet sich in ihrer Bewunderung. Dieser Mann lebt völlig in der Gegenwart, ja, gerade in dieser Minute mit all ihren sinnlichen Reizen. Die Zukunft? »Ja, ich habe davon gehört, sie aber noch nie gesehn!«, winkt er ironisch ab. Das Leben zu planen, wie Monica das will, findet er blöde. Wer weiß, was hinter der nächsten Kreuzung alles passieren kann! Vor allem, wenn man ein gesuchter Autodieb und Polizistenmörder ist.

Bei allem, was dieser Jesse anstellt, bleibt er – durch die Gestalt von Richard Gere – ungeheuer sympathisch. Ein Lächeln von seinen Lippen, und Schwarz wird Weiß. Eine seiner trivialen Wahrheiten aus seinem Mund, und die Welt wird ganz einfach. Auch wenn er unlogisch ist – an seiner schönen, männlichen Gestalt kann sich niemand satt sehen. Er selbst verkörpert mit seinem ganzen Sein seine eigene, unumstößliche Wahrheit.

Aber er ist und bleibt auf der Verliererstraße. Er schiebt die Probleme vor sich her, verdrängt ein Problem mit dem nächsten. Und die Tricks seiner Geliebten Monica, die auf Grund ihrer sozialen Stellung lernte, mit Lebensentwürfen spielerisch und intellektuell umzugehen, die hat er einfach nicht drauf. Alles oder nichts – Jesse kennt kein Dazwischen. Und wenn er sagt: »Die Liebe ist die mächtigste Kraft. Es gibt nichts anderes. Das ist die ganze Geschichte, Baby!« – dann meint er das genauso und handelt danach. Und nicht nur Monica glaubt ihm, sondern auch der Zuschauer.

Dieser Idealist ist jedoch – so wie die Dinge einmal liegen – auch ein Selbstmörder. Und als solcher tritt er zu seinem letzten Langlauf an.

Der Showdown beginnt. Die Polizei hat ihn geortet, und Jesse weiß das. Er beginnt zu rechnen. Er rennt die Straße hinunter. Auf der Straße ist er aufgewachsen, auf der Straße wird er sterben. Er durchquert ein ganzes Stadtviertel, noch immer angetrieben vom Rock'n'Roll.

Und ganz am Schluß, wirklich am Ende, steht er auf dem Strich, auf dem Mittelstreifen der Straße, auf der einen Seite Monica, die ihn soeben an die Polizei verriet, um wieder einen klaren Kopf zu bekommen, und den Bullen auf der anderen Seite. So eingeklemmt in sein Leben, zwischen Aussichtslosigkeit und Hoffnung, war er noch nie. Er entscheidet sich für den Abgang. Für einen Abgang mit Rock'n'Roll.

Eine wahrhaft irre Schlußsequenz, eine der schönsten des Kinos, beginnt. Richard Gere zitiert noch einmal die Gesten, Töne und obszönen Körperhaltungen seines

Idols »The Killer«, der ihm damit, hier und heute, wirklich zum Verhängnis wird. Denn während er die Flucht verwirft, die noch möglich wäre und auf der Stelle den Rock'n'Roll tanzt, läuft die Sanduhr seines Lebens ganz langsam aus.
Wie ein Tier in der Falle, das seinen natürlichen Instinkten zur Flucht unbedingt gehorchen will und andererseits nicht kann, weil es, schon mit zivilisatorischen Instinkten begabt, aus Stolz einfach nicht mehr fliehen kann, zappelt Jesse im Netz, das er sich mit seiner bedingungslosen Liebe zu Monica selbst knüpfte.
Die Gesten, mit denen Richard Gere das spielt, sind wunderschön. Blitzartig weiß sein Jesse, daß er sterben wird, trotzig wirft er den Kopf zurück, sein letzter Blick gilt dem Mädchen, er bannt Monica mit Augen, in denen sich die zurückliegenden Wochen des Glücks unverhohlen und unsentimental spiegeln, ein Lächeln überzieht sein Gesicht, er beginnt einen imaginären, ekstatischen Tanz zur Musik seines Rockidols, Schatten überzieht sein Gesicht, dann bückt er sich, um mit dem Revolver auf die Polizei anzulegen – sein Todesurteil.
Er nimmt es entgegen, ohne die Schüsse zu hören. Er hat den Rock'n'Roll im Ohr.

Jede Menge Probleme

Mit »Atemlos« war Richard Gere auf einer neuen Höhe seiner Karriere. Das Publikum liebte ihn, und Hollywood hätschelte seinen neuen Star. Sein Weg war langsam und stetig aufwärts gegangen, anders als bei anderen Shooting-Stars, die aus der Anonymität emporschossen und zwei Saisons später wieder vergessen waren. Geres Karriere schien gut vorbereitet und dauerhaft.

Doch nicht nur das Glück, sondern auch die Traumfabrik ist launisch.

Zwar hatte die Filmindustrie in Richard Gere den Mann entdeckt, der völlig im Trend der weiblichen Vorlieben und männlichen Vorbilder lag. Und die Leinwand war gerade am Beginn der 80er Jahre der Ort, an dem das erotische Gefühl der Zeit seinen genauen Ausdruck fand. Mehr denn je fand also die sexuelle Mythologie der USA im Film eine zuverlässige Adresse. Das war in Hollywood immer schon so: die Leinwand als Treffpunkt der Trends.

In Europa war das so ungebrochen nie der Fall gewesen. Hier spielen Literatur und Kunst, die Historie, im Zweifelsfall auch die Mode eine ähnliche Rolle. Doch Amerika fand stets in den Traumgestalten des alten und jungen Hollywood seine Idole. Und die Frauen im Lande verlangten immer stärker nach Männern, die zu mehr als zu einer einzigen gemeinsamen Nacht taugten.

Auf den Punkt kamen diese Wünsche in Gestalt von Richard Gere, darin waren sich Kulturkritiker und Filmmanager einig. Gere war das regierende Sex-Symbol, gleichzeitig ein charmanter Gesellschafter und versierter Intellektueller.

Alle seine Hauptrollen bestätigten das in immer größerer Genauigkeit. Sein animalischer Charme in »Atemlos« war nur das Tüpfelchen auf dem i, das mit dem »American Gigolo« seinen munteren Anfang genommen hatte. Er war unverschämt genug, in »Ein Mann für gewisse Stunden« einer Frau, die ihn fragte, woher er komme, zu antworten: »Aus diesem Bett hier!«. Für manchen anderen Darsteller wäre das der Anfang vom Ende seiner Karriere gewesen. Für Gere war es der Anfang.

Dennoch – nach dem Erfolg von »Atemlos« begann für den Star plötzlich eine Phase des Stillstands. Rollenangebote waren genug da, und Gere wählte auch sorgfältig aus. Doch die Resultate befriedigten immer weniger.

Vier Filme in den folgenden zwei Jahren belegen das. Richard Gere, der auch privat eine Phase schwieriger Veränderungen durchmachte, spielte nacheinander

Rollen, die zum Schlechtesten zählten, das er je gemacht hatte. Diese vier Filme waren: »Der Honorarkonsul«, »Cotton-Club«, »König David« und »Power – Weg zur Macht«.

Wer diese Filme heute hintereinander sieht, kann sich des Eindrucks nicht erwehren, daß Richard Gere in jener Zeit orientierungslos war. Nicht, daß die Angebote nicht verlockend waren. Nicht, daß die Regisseure nicht renommiert waren. Nicht, daß die Rollen von vornherein nichts hergaben. Es zeigte sich nur, daß Geres Image und Stellenwert nicht klar genug definiert waren. Er war kein indifferenter Beziehungsschleicher, er war kein Trompeter mit Schmalzlocke, er war kein biblischer Herrscher, er war kein öliger Wahlkampfmanager. Seine Berater hatten ihn im Stich gelassen.

Aber sehen wir uns nacheinander an, in welcher Weise Richard Gere die genannten Filmrollen zu meistern versuchte. Vielleicht verstehen wir sein Scheitern dann besser. Dieses Scheitern hatte Gründe. An seinem Spiel ist das genauestens abzulesen.

Der Abstieg vollzog sich in vier Etappen:

Als Dr. Edoardo Plarr in »Der Honorarkonsul«

Als Dixie Dwyer in »Cotton Club«

Als David in »König David«

Als Pete St. John in »Power – Weg zur Macht«

Als Dr. Edoardo Plarr in »Der Honorarkonsul«:

In einem argentinischen Städtchen nahe der Grenze von Paraguay steuert Richard Gere alias Dr. Plarr einen Landrover durch die nächtlichen Straßen. Es ist wie jeden Abend in diesem Land, einige Bewohner amüsieren sich, andere werden als Verdächtige wahllos von der allgegenwärtigen Polizei verhaftet.
Der Arzt wird plötzlich von einem Mann angehalten, der sich als Dr. Humphrey vorstellt. Er hat ein Problem. In einer Bar sitzt der volltrunkene britische Honorarkonsul auf dem Fußboden und kichert blöde. Plarr soll helfen, den Mann ohne Aufsehen in seine eigenen vier Wände zu verfrachten. Aber die Zechtour ist noch lange nicht zu Ende, sie fängt erst an – zumindest für den Honorarkonsul, der gern am Ende des Tages im besten Bordell am Ort landet.
Edoardo Plarr ist halb Engländer, halb Paraguyaner. Richard Gere verkörpert den schlanken großen Mann mit den dunklen, glänzenden Haaren, den äußerlichen hiesigen Gegebenheiten angepaßt.
Er wirkt sofort vertrauenerweckend – ein früher Fall-

strick, den die Filmregie auslegt. Gegenüber den zwielichtigen Gestalten, die in dieser Stadt herumlaufen, sieht er irgendwie sauberer aus. Das mag daran liegen, daß die Figur, die er verkörpert, nicht korrupt ist. Er sucht seinen Vater, der in Argentinien, zu den Zeiten der Schreckensherrschaft des Militärs, spurlos verschwunden ist. Ein politisch aufrechter – vielleicht auch nur indifferenter? – Mann, eine Ausnahmeerscheinung auf dem Mutterkontinent der Korruption und der terroristischen Staatsgewalt, also in Südamerika.

Trotz allem ist diesem Mann die Frustration anzumerken, unter der er leidet. Die Verhältnisse sind geprägt von Rechtlosigkeit, von latenter oder auch manifester Gewalt, der Ausnahmezustand herrscht. Da bleibt dem aufrechten und überzeugten bürgerlichen Zivilisten – wenn er nicht politischen Selbstmord begehen will – nur, sich zu betrinken.

Und so vergeht einige Zeit damit, daß man Richard Gere am Fenster stehen und trinken sieht. Eine gewisse Haltlosigkeit scheint sein Problem zu sein. Er blickt hinunter auf den kleinen Hafen der Stadt und trinkt weiter. Die Nacht vergeht. Wieder ist ein Tag der erfolglosen Suche nach dem verschwundenen Vater vorbei. Er ist nicht vorangekommen, auch in seinem eigenen Leben nicht.

Am nächsten Morgen versucht er wieder, die Armen am Stadtrand von ihren Plagen und Krankheiten zu heilen. Verschwitzt zieht er mit seinem Arztköfferchen durch die Elendsviertel. In der folgenden Sequenz sitzt er allerdings mit einem Polizeioffizier in dessen Mercedes-Cabrio auf der Fahrt zu einem gesellschaftlichen Empfang. Dr. Plarr tanzt auf allen Hochzeiten. Und das ganz bewußt, denn er will von niemandem für irgendwelche Zwecke eingespannt werden.

An dieser Stelle des Films begreift der Zuschauer zum ersten Mal etwas von der Differenziertheit oder auch der Zwielichtigkeit dieser von Richard Gere vollendet gespielten Rollenfigur. Und Edoardo Plarr hat natürlich Schlag bei den Frauen. Vor allem die frustrierten Bürgergattinnen lassen bei erstbester Gelegenheit ihre Hand auf seinem Oberschenkel liegen, und er hindert sie nicht daran. So wie er aussieht, könnte er glatt als Gigolo, als Mann für gewisse Stunden, durchgehen – wäre da nicht diese Aura des Fremden und Unnahbaren, die ihn umgibt.

Bis zu diesem Zeitpunkt benutzt die Inszenierung von John Mackenzie lediglich Geres äußere Attraktivität. Sie verlangt ihm nicht mehr ab, als verschwitzt, aber sexy auszusehen. Richard Gere geht die erste halbe Stunde durch diesen Film wie ein Eintänzer auf der Suche nach einem passenden Parkett. Die Filmhandlung kommt ihm nicht näher, und er selbst dringt nicht tiefer in sie ein. Liegt das daran, daß dieser Dr. Plarr sich ganz bewußt auf nichts einlassen will, das ihm gefährlich werden könnte? Unbehagen beschleicht den Zuschauer.

Es ist, als laufe Gere durch einen Film, der ihn nichts angeht. Ist das bewußter Inszenierungsstil, ist Gere

fehlbesetzt? Seine Gänge durch die Sequenzen sind allerdings sehenswert: geschmeidig, aus der Hüfte heraus, völlig entspannt.
Nach einer halben Stunde wird er zum ersten Mal so in den Film hineingezogen, daß der Betrachter das Gefühl loswird, dieser Darsteller sei nur als Überblendung aus einem anderen Filmmuster mit von der Partie, als persönliches Zitat eines Regisseurs, der ihn aus anderen Filmen schätzt.
Zu diesem Zeitpunkt begegnet er Clara, der Ex-Nutte, verheiratet mit dem Honorarkonsul. Gere ist seit einem zufälligen Bordellbesuch scharf auf das Mädchen und schläft mit ihr. Wie in einem Film mit Richard Gere nicht anders zu erwarten, sieht man ihn gänzlich nackt. Das entspricht Geres Status als Sexsymbol und seiner persönlichen Liberalität in solchen Dingen. Der Film beutet diesen Status aus. Richard Gere als Dr. Edoardo Plarr schwitzt und stöhnt beim Liebemachen wie ein ganz gewöhnlicher Mann. Die Filmhandlung scheint ihn nun wirklich etwas anzugehen.
Jetzt, da er als Sinnenmensch wirklich dabei ist, wird sich Gere alias Plarr auch etwas näher mit den politischen Verhältnissen befassen. Oppositionelle Freunde aus Paraguay kommen zu ihm und wollen seine Hilfe. Sie bereiten eine Entführung vor, um inhaftierte Freunde aus Gefängnissen in Paraguay freizupressen. Plarr muß sich entscheiden, ob er ihnen hilft oder nicht.

Er entscheidet sich positiv. Zum zweiten Mal in diesem Film sieht Richard Gere engagiert aus. Er bezieht beinahe freudig Stellung – so scheint es.
Ob er will oder nicht, die Handlung bezieht ihn im Folgenden immer stärker mit ein. An Stelle des amerikanischen Botschafters wird irrtümlich der britische Honorarkonsul entführt, und Dr. Plarr muß nach ihm sehen, damit der Honorarkonsul nicht ernsthaft Schaden nimmt.
Er ist also mit von der Partie, die politische Opposition rechnet mit ihm. Aber Plarr, der vorgibt, für Politik keine Zeit zu haben, nutzt die Situation zu seinen Gunsten: Er schläft mit der Frau des Honorarkonsuls in dessen unfreiwilliger Abwesenheit.
In diesen Momenten blättert ein weiteres Mal viel ab von der Integrität eines Mannes, den Richard Gere, umgeben von einer Aura des Vertrauens, verkörpern soll. Man erkennt ihn kaum wieder. Moralische Skrupel scheinen in einem Land wilder Verwahrlosung aller Gesetze nicht mehr zu existieren.
Doch diese Einschätzung ist zu voreilig. Ehe sich der Zuschauer versieht, verläßt Richard Gere die Rolle des eifrigen Liebhabers und übernimmt Verantwortung als politisch Handelnder. Er versucht alles Mögliche, um den Honorarkonsul aus den Händen seiner Entführer zu retten. Als Liebhaber und Rivale kann er ihn nicht brauchen, aber als Mensch ist er gegen Verbrechen aller Art allergisch. Auch gegen die, die von Personen verübt werden, deren politische Motive er versteht.

Als er dem Konsul in dessen Gefangenschaft helfen will, wird er selbst von den Guerilleros gefangengesetzt. Jetzt ist er wirklich einer der ihren, denn schon rücken die feindlichen Soldaten an, um das Versteck auszuheben. Plarr steckt mittendrin, man wird ihn nicht verschonen.

Richard Geres Rolle wird wieder die des Reagierenden. Er handelt kaum noch, er wartet ab. Die Verhältnisse gehen über ihn hinweg. Dr. Edoardo Plarr spielt wieder den »einfachen Mann«, der nach seinen Instinkten lebt. Der Zuschauer hatte ihn doch ein wenig überschätzt.

Das liegt natürlich daran, daß ein Star wie Richard Gere diesem Durchschnittsarzt Gestalt und Stimme verleiht. So bekommt der Mann auf der Leinwand automatisch eine Gloriole, die verhindert, daß man sich mit ihm geduldiger beschäftigt – der Star erscheint, und schon ist der Zuschauer von ihm überwältigt. Daraus besteht der schon erwähnte bewußte Fallstrick der Regie.

Die Figur des Dr. Plarr ist und bleibt zwielichtig. Er ist wirklich nur ein kleiner Mann, ein Getriebener, der zwischen den Fronten zerrieben wird, weil er sich nicht entscheidet. Und er scheint in seltsam masochistischer Haltung auch nichts anderes zu wollen – und darunter zu leiden.

Richard Gere spielt das mit leerem Gesichtsausdruck, Anfällen von Energie und lüsternen Blicken auf Clara. Mit einer Mixtur aus körperlicher Präsenz und geradezu phänomenaler Abwesenheit, aus attraktiven

Gängen aus der Kulisse in den Bildmittelpunkt und einem fahrigen, beinahe somnambulen Verweilen im Vordergrund. Durch und durch unentschieden.

Wie das dem voreingenommenen Zuschauer im Lauf des Films nach und nach klarer wird, darin liegt der Reiz dieses Lichtspiels um politische Gewalt und kleines persönliches Schicksal – und das Verdienst der Regie von John Mackenzie.

Erst ganz am Ende, von allen Seiten in die Enge getrieben, bezieht Edoardo Plarr, der behauptet, an nichts zu glauben, endlich deutlich Stellung. Er entscheidet sich für die Seite des Handelns und der Wahrheit, in diesem Falle also gegen die Staatsgewalt. Aber es ist zu spät – er wird mit einem gezielten Kopfschuß von der Polizei erschossen.

Die Inszenierung legt die zwielichtige Figur bloß, diesen Arzt des Schwankens, der uneindeutigen Gesten und der – verständlichen – Schwäche im Angesicht des Terrors. Sie zeigt ihn in den letzten Szenen nur noch in Totale oder Halbtotale. Richard Gere darf sein Gesicht nicht mehr herzeigen, das soviel Vertrauen einflößte und den Zuschauer nachhaltig täuschte. Der Schauspieler ist nur noch ein fragwürdiger Körper, der angeschossen im Dreck liegt, umgeben von schießlüsternen Polizisten mit dem Gewehr im Anschlag. Ein sinnlicher Torso, über den der unaufhörlich strömende Regen hinwegrinnt wie ein natürlicher Kommentar zur Vergänglichkeit der Zeit und aller ideologischen Standpunkte.

Als Dixie Dwyer in »Cotton Club«:

Eine fettige Locke hängt ihm in die Stirn, ein messerscharfer Schnurrbart verziert seine Oberlippe, und hinter einer dunkelgetönten Brille verbergen sich seine Augen. Da er auch noch eine Trompete vor den Mund hält, erkennt man ihn kaum wieder. Der Gangster Dutch Shultz meint begeistert, dieser Junge spielt wie der Teufel. Wer ist der Mann? Richard Gere, alias Dixie Dwyer.

Dixie spielt im Cotton Club in Harlem, er trinkt im Cotton Club, er tanzt im Cotton Club. Er hat außerdem Schlag bei Frauen, daß die Herren Gangster staunen, die mit Geld nicht bekommen, was man diesem Kerl mit der unruhigen Sohle und der begnadeten Trompete für einen Augenaufschlag sofort erweist: Zuneigung.

Aber auch als Trompeter hat er ziemlich viel drauf. Eigentlich bläst er sogar ein Kornett, und so ein kleines Extra hat er, bei allem, was er tut, zu bieten. Er bringt betrunkene Mädchen ins Bett, ohne sich an ihnen zu vergreifen, er rettet Gangster vor Attentaten, er spielt auf besonders verbotenen, intimen Partys, er küßt ungeniert die Frau seines Bruders auf den Mund, und er kann sich Freundschaften frei aussuchen – oder sie ausschlagen.

Lucky Boy – wie Dixie bald heißt, weil er offenbar nur Glück hat – geht durch die Szene wie jemand, der seine Vorteile gar nicht fassen kann. Er ist ein einfacher Mann, ein netter Musiker, sympathisch. Aber jetzt wird er zum Gesellschaftshai, zum Fluchtfahrer für den Mörder Dutch Shulz, zum Geliebten von dessen Geliebter – undundund. Fast zu viel für einen Musiker.

Der Nachteil ist nur, daß sich Dixie den Nachstellungen des Gangsters Dutch nicht erwehren kann. Dutch mag ihn, und wenn sich Dixie dieser Sympathie entzieht, ist er so gut wie tot.

Richard Gere spielt den Dixie Dwyer mit einem Ausdruck dumpfer Angst vor dem gewalttätigen Gangsterkönig und angenehmer Entspanntheit in der eigenen Familie. Die Angst steht ihm nicht gut zu Gesicht, die Heiterkeit schon eher. Die Angst wirkt wie eine Maske, wie eine Verkleidung, in die jemand schlüpft, der bisher stets Alltagshelden ohne Furcht und Tadel spielte. Sie verzerrt seine Züge und nötigt ihn zu mimischer Anstrengung. Sie reduziert ihn auf den Status eines austauschbaren Darstellers und raubt ihm seinen Star-Nimbus.

Zwischenzeitlich macht Dixie alles – gegen Geld. Im Auftrag des Gangsters spielt er, führt Frauen aus, chauffiert seinen Wagen. Unaufhaltsam schwindet

seine Selbstachtung, und die Locke, die ihm in die Stirn fällt, sieht immer wilder und speckiger aus.
Aber er schläft mit Eva, dem Privateigentum des Gangsters, ein Akt der Auflehnung gegen seinen psychopathischen Arbeitgeber, den er verlassen will und wird. In dieser Auflehnung steckt ein Funken von Richard Gere, der in der ersten Dreiviertelstunde dieses Films die Erinnerung an das Leinwandidol vergessen ließ, der spielte, sich aber vom Image des attraktiven Sexsymbols weit entfernte. Coppola macht's möglich.
Jetzt aber, im zweiten Drittel des Films, kommt Richard Gere vorübergehend wieder. Und wie.
Sein Dixie Dwyer geht nach Hollywood. Gloria Swanson, die große Mondäne der 20er Jahre, findet, er habe ein hübsches Gesicht, und schon steht Dixie vor der Kamera und spielt einen Gangster. Fabelhaft! In diesem Mann steckt mehr. Endlich nimmt er das Heft in die Hand und spielt seine Talente aus. Nur ein bißchen Mut und Entschlossenheit, Dixie! So wollen dich die Zuschauer sehen.
Der Krieg um das Wettgeschäft in Harlem geht weiter und wird immer härter. Weiße Gangster wollen den »schwarzen« Markt mit Gewalt erobern und die Schwarzen verjagen. Dixies kleiner Bruder im Dienst von Dutch Shultz spielt dabei eine gewalttätige Rolle. Im Cotton Club wird weiter getanzt, getrunken, gesteppt und Musik gemacht. Die Nächte werden bleihaltiger und die Tage amüsanter.
Daran ändert auch der Krach an der New Yorker Börse

im Jahr 1929 nichts. Die Wirtschaft bricht zusammen, aber die dunklen Geschäfte blühen jetzt erst richtig. Und Dixie Dwyer ist in Hollywood gelandet, wo er harte Macker mit der Knarre in der Hand mimt. Dixie stolpert zwischen den Welten hin und her. Wo gehört er hin? Er weiß es selbst nicht. Und sein Gesicht wird wieder so leer wie am Anfang dieses Films.

Als er ein Jahr später zum Broadway nach New York zurückkehrt, ist sein Name von der Leinwand her ein Begriff. Als Schauspieler aus Hollywood sieht er jetzt aus wie ein Robert De Niro der 80er Jahre. Er hat sich das Outfit der Zeit wie eine Maskerade aufgepappt und versucht, mit den Manierismen der »Roaring Thirtys« Dollars zu machen.

Alles in allem wird Richard Gere in diesem Film unter Wert verkauft. Der Zuschauer bekommt den Eindruck, daß sich die Produzenten nur seines zugkräftigen Namens bedienen wollten. Wenn Gere auftritt, wirkt es jedes Mal wie die endgültige Erlösung aus der Passivität eines Nebendarstellers, aber dann ist die Show auch schon vorbei, und er erstarrt wieder zur Salzsäule. Er hat einfach nichts zu spielen, das Drehbuch vernachlässigt ihn. Sein Kornett ist ausdrucksvoller als er selbst. Und schon ist er wieder aus der Szene verschwunden, und andere Hauptdarsteller spielen ihn an die Wand. Dieser Film ist ein Tiefpunkt in seiner Karriere.

Dixie Dwyer läßt sich hin und wieder im Cotton Club sehen. Dann sitzt Richard Gere da und lächelt in die Kamera. Schnitt. »Ihr Film hat mir gefallen, sie sehen

gut aus«, sagt der Mafioso Lucky Luciano zu Dixie. »Es ist gut, wenn der Boß sympathisch wirkt.«
Das ist eben das Problem mit Richard Gere in diesem Film: Er sieht gut und sympathisch aus – nicht weniger, aber auch nicht mehr.

Als David in »König David«:

Das Volk jubelt ihm zu. Die Männer, weil er ein gottbegnadeter Krieger ist, die Frauen, weil er so schön ist. Er fährt auf dem Kampfwagen in die Stadt, und überall begrüßen ihn Rufe und begeistert geschwenkte Palmwedel. Der Krieger David, fast noch jugendlich, ist auf der Höhe seines Ruhms.

Sein König Saul empfängt ihn, und schon zeigt sich die massive Konkurrenz zwischen dem Herrscher und seinem Lieblingskrieger. Die Menge ruft: »Saul hat tausend getötet, doch David zehntausend!« – eine klare Arithmetik, die den alten König ins Herz trifft, den jungen Krieger auch, auf andere Weise. Sie stärkt die Arroganz der Jugend. Doch beide lächeln und umarmen sich. Zwischen den Generationen soll – zumindest nach außen und vorerst – kein Zwist sein.

Wir sind in Richard Geres erstem Kostümfilm. Noch nie hat er sich auf der Leinwand mehr als nötig verkleidet, schon gar nicht hat er je einen Helden gespielt aus biblischer Zeit. Jetzt erleben die Zuschauer die Probe aufs Exempel: Wird der Mann aus Hollywood, der die zeit-

genössischen Helden der Großstädte, die Cops, Outsider und Erfolgreichen so unnachahmlich verkörperte – wird er als Kostümheld bestehen können? Wo wird sein Sex-Appeal bleiben?
Richard Gere läßt zunächst die schulterlangen Haare wehen. Die Proportionen seines Gesichts haben sich durch die neue Frisur völlig verändert. Kaum erkennt man ihn wieder. Die besonderen Merkmale seines Gesichts, Augen und Mund, scheinen stark verändert. Das liegt auch an dem goldenen Stirnband, das die Haarflut des biblischen Mannes bändigt.
König David ist bei seinem Volk eine Legende. Er kann Harfe spielen, daß selbst die Schafe im Gebirge zu tanzen beginnen. Er tötet Löwen mit bloßen Händen, und er kann Steine schleudern. Letzteres hat besonders der Vorzeige-Krieger des Volkes der Philister, Goliath aus Gath, zu spüren bekommen. In voller Rüstung und Montur, bewaffnet mit einem Speer »wie ein Weberbaum«, verlor er einen ungleichen Kampf gegen den nur mit einer Steinschleuder bewaffneten Jüngling David, der allerdings mit Gott im Bunde steht, was Goliath nicht wußte.
Dieser junge Mann nach dem Herzen Gottes, der für die zukünftige Führung seines Volkes ausersehen ist, feiert jetzt Hochzeit. Und schon sehen wir David im Bett der Angetrauten, mit nacktem Oberkörper und der seinem Publikum inzwischen vertrauten Pigmentierung auf der linken Schulter, wie er sich zärtlich über sein Weib beugt. Auch wenn Richard Gere ins ferne

Gelobte Land ausweicht, brauchen seine Fans nicht auf den Anblick ihres Idols bei der Liebe zu verzichten, denn Sex-Appeal ist nun einmal ein wesentlicher Bestandteil seines Ruhms.

Allerdings hält die Regie dieses ansonsten sehr züchtigen Films – dem es um das Wort Gottes geht, wie es sich Hollywood und die heutige Christenheit vorstellen – die Liebesszene in keuschen Grenzen. Andeutungen genügen. Und David hat noch andere, wichtigere historische Missionen zu erfüllen, als eine Königstochter zu schwängern. Er ist im Auftrag des Herrn unterwegs. Dieser Auftrag bedeutet, daß er in Dramatik und Abenteuer verstrickt wird. Und schon ist er auf der Flucht vor dem eifersüchtigen König Saulus, der es nicht verwinden kann, daß David und nicht einer seiner drei Söhne von den Propheten auserwählt wurde. David muß sich seine besondere Stellung natürlich verdienen, und das gelobt er auch im Angesicht der von den Israeliten in Gewahrsam genommenen Bundeslade mit den von Gott selbst niedergelegten Geboten. Er will das Volk Israel befreien, es einigen und seinem Gott einen ruhmreichen Tempel errichten.

Solch hehre Versprechungen klingen gut, aber zu pathetisch aus dem Mund eines Darstellers wie Richard Gere, dem sonst eher das Understatement eigen ist. Der Bedeutungen eher wegspielt, bevor sie dem Zuschauer in den Ohren klingeln können. Dem es sonst peinlich ist, gestelzte Dialoge abzusondern und der sich schließlich die Drehbücher sehr genau aussucht.

Auf der Flucht vor dem Zorn des Königs Saul flieht David in die Wüste. Und alle, die mit ihrem alten Herrscher unzufrieden waren, sammeln sich um ihn, den zukünftigen und neuen König. David sieht inzwischen noch wilder aus. Sein glattes, schönes Gesicht wird von einem Vollbart verunziert, die Haare sind zerzaust, dünn geflochtene Zöpfchen hängen ihm rechts und links vom Kopf. Und er nimmt – wie es die Gebote wollen und die Gesetze zulassen – erst eine und dann weitere drei Frauen. Viele Kinder sind die Folge.
Die Filmerzählung von Bruce Beresford schwankt zwischen pointierter Spannung und weitläufiger Epik. Der Held wird mannigfaltigen Gefahren ausgesetzt und meistert sie mit der pünktlichen Hilfe des unsichtbar bleibenden Herrn und Gottes Jehova.
Es ist das Problem von Filmen dieser Art, die eine bekannte, in ihrem Ausgang festgelegte Geschichte erzählen, daß sie versuchen müssen, Anteilnahme mit dem Helden zu erzeugen. Zumal mit einem, über dem so todsicher die schützende Hand Gottes waltet. Wie soll der Zuschauer mitbangen, wenn dieser David durch althergebrachte Prophezeiungen seinen Feinden derart überlegen ist?
Der Film löst dieses Problem nicht. Wenn Richard Gere alias David in das Heerlager des Königs Saul eindringt – allein gegen alle –, dann wissen wir, daß es ihm nicht bestimmt ist, hier zu sterben. Also zügeln wir unsere Neugierde. Es ist wie bei Aufführungen des

sogenannten »epischen Theaters«: Nicht das WAS der Erzählung soll berühren, sondern das WIE der Darstellung.

Und hier findet der Film durchaus einige originelle Formen, um die Hürden zu meistern. In überraschenden Schnitten und mit elliptischer Erzählweise weckt er doch die Aufmerksamkeit des Zuschauers, der den Versuch konventioneller Dramaturgie und hochgezogener Situationsspannung schnell als billigen Trick durchschaut hätte.

Für den Darsteller Richard Gere wird das Problem jedoch nicht gelöst, denn die Regie rettet sich aus dem beschriebenen Dilemma, indem sie seine Auftritte aufs Äußerste beschränkt – zu seinen Lasten. Gerade weidet sich der Zuschauer an Geres Gestalt und Stimme, genießt sozusagen die Gegenwart des Hollywood-Idols im alten Israel – schon ist David wieder verschwunden, und das biblische Geschehen nimmt seinen ungeheuren und gewalttätigen Verlauf. Denn hier wird Menschheitsgeschichte geschrieben: Aus Saul wird Paul.

David führt sein Volk von einem Ort zum anderen, um es vor den Nachstellungen anderer Völker in Sicherheit zu bringen, und sieht inzwischen immer verwilderter aus. Aber auch majestätischer. Seine Haltung ist edel und aufrecht.

Aber er spricht nur noch in tönernen Sentenzen. Einen Alltag scheint diese Figur nicht zu kennen. Das wird zum Teil dadurch verständlich, daß die Bibel voll ist von

Schlachten, Händeln, Vertreibungen, von Mord und Totschlag. Man ist in der explosiven Phase menschlichen Aufbruchs; die Positionen sind noch nicht verteilt.

Die Mächtigen fallen tief, die Niederen werden erhoben, das ist David nur recht. Er, der als Harfensänger begann, steht nun an der Spitze seines Volkes. Er will Frieden. Sein Haar ist inzwischen ergraut. Das gibt dem jungen König das Aussehen eines Weisen. Und er ist es, denn der Herr spricht aus ihm.

Er tanzt auch aus ihm. Denn Richard Gere beginnt plötzlich, vor den Toren seiner Heimatstadt, einen Tanz der Klage über die Gefallenen und einen Tanz der Freude darüber, daß der Gott der Juden mit ihm ist. Nur mit einem weißen Lendenschurz bekleidet, nackte Füße, bewegt er sich in einer unerwarteten Mixtur aus Discostil und Guru-Verrenkungen. In seinem Gesicht steht Verzückung, er läßt die Muskeln spielen. Die Mädchen Israels sehen es gern.

Am Ende dieses Tanzes hinauf bis zu den letzten Stufen des Tempels, in dem er gekrönt werden wird, pustet der von den göttlichen Mächten Auserwählte wie ein kleiner Erdenwurm, schnappt nach Luft, wölbt die Unterlippe vor und sieht plötzlich statt wie David aus wie Richard Gere.

Kein Wunder, denn wie soll man in einem Hollywoodfilm den David spielen, wenn nicht mit den Manierismen, die das Publikum schon kennt? Es ist ein Hollywoodfilm und nicht die Bibel. Vermutlich hätte sich der wirkliche David, in Unkenntnis westlicher Körpersprache der Saison, anders bewegt. Wenn auch die Macher dieses Films gewiß ethnographische Studien betrieben haben und wissen, wie sie historisches Flair ins Geschehen bringen, wird doch die Bibelhandlung zur folkloristischen Kostümparty, zu einer gefälligen historischen Modenschau. Das alte Israel im neuen Outfit. Alle Details – und gerade sie, im Unterschied zu den historischen Tatsachen – originalgetreu. Ritus, Tanz, Gesang und dekorative Fülle zeigen das Leben der Alten wie in einem cinematographischen Heimatmuseum oder als große Oper.

Und so kommt es, daß der Geist des biblischen Lebens während des mehr als zweistündigen Films allmählich hinter Episoden verschwindet, die vom Schicksal einzelner Personen erzählen. Aber gerade diese Episoden sind es, auf die der Filmfan wartet, wenn er sich ein historisches Epos ansieht.

Der Fan historischer Kostümschinken will selten die originale Chronik der Ereignisse, sondern die schönen Versatzstücke, die einen eigenen Film ergeben. Er bekommt Geschichten statt Geschichte. Dadurch wird letztere zwar nicht verständlicher, aber nachfühlbar. Und die Details, bis hin zur Gürtelschnalle der Weiber Israels, stimmen absolut. Das historische Make-up bleibt sozusagen authentisch.

Richard Gere bringt die Würde und Eleganz seiner bisherigen Filmrollen in die Figur des David mit ein. Etwas lag schon immer um seine große schlanke Gestalt, jetzt

nimmt es der zum Fan berufene Zuschauer als majestätischen Glanz wahr.
Bei dieser gutwilligen Feststellung unterstützt ihn die Arbeit des Kameramannes Donald McAlpine, der Gere vortrefflich ausleuchtet, von seiner Schokoladenseite erfaßt und gut kadriert. Auch die Arbeit des Maskenbildners, der die Gestalt mit einer Gloriole von Haaren, Ketten, Bändern umgibt, in dem sich die untergehende Sonne des Gelobten Landes widerspiegelt. Ein Strahlenkranz um Davids Haupt, der nicht höchsten und heiligen Ursprungs ist, sondern aus handwerklichen Quellen kommt.
Die Geschichte schreitet voran. David nimmt Bathseba zur Frau, und sie gebiert den Sohn Salomo, der dem Herrn gefällt. Damit ist ein Nachkomme gefunden, der den Ruhm Davids verkünden wird und die biblische Genealogie weiterführt. So weit, so gut.
Im letzten Drittel des aufwendigen, sich jedoch zunehmend in Anekdoten verzettelnden Films, sehen wir Richard Gere rapide altern. Jedesmal wenn er auftritt, sind seine Haare grauer, sein Bart ist krauser, und die Falten unter den Augen nehmen zu. Auch dies eine Premiere – nie zuvor sah man Richard Gere in einem Film, der die Einheit von Zeit, Ort und Handlung sprengte.
In seinen bisherigen Filmen schritt Gere durch die ganz diesseitige Gegenwart der Großstädte wie eine Ikone des modernen Lebens. Als ein Mann für gewisse Stunden, für zeitgenössische Schauplätze und

Konflikte, im Dialog oder Kampf mit Feinden, die ihm glichen.
Dieser Film nun schminkt ihm zum ersten Mal die Maske der Vergänglichkeit auf, ein Vorgang, mit dem historische Filme den großen Atem der Geschichte wehen lassen wollen. Meistens kommt dabei nur heraus, daß der Zuschauer vom Etat des Produzenten beeindruckt ist. So auch hier. Aber es ist immerhin ein Genuß, Gere in Gewändern zu sehen, die seit Tausenden von Jahren aus der Mode sind, und zu beobachten, welche Figur er darin macht. Er macht eine ausgezeichnete Figur.
Wenn nur sein Gang nicht wäre, der sinnliche Gang des Julian Kaye aus »Ein Mann für gewisse Stunden«. König David hat damit nichts zu tun. Dieser Gang macht die Sorgfalt der Kostümbildner, das Make-up der Ausstatter, die Arbeit der Filmethnologen und die Mühe des Drehbuchautors zunichte.
Man könnte auch sagen: Der Gang Richard Geres in »König David« bringt die Jetztzeit ins biblische Altertum, um gewissermaßen die Ahnen für den Zuschauer verständlich und nachvollziehbar zu machen. Doch das klappt nicht. Wir sehen nicht den aktualisierten David, sondern den gewohnten Richard. Sorry!
Das Schicksal springt trotz aller Privilegien auch hart um mit diesem Mann, dem König David. Gott prüft den Auserwählten, dessen Haar immer grauer und dünner wird. David ist ein Mann, dem es schwerfällt, seinem Herrn zu gehorchen, der lieber seinen individuellen und spontanen Gefühlen nachgeben möchte. Er

muß sich von den Propheten sagen lassen, daß er den richtigen Weg durch seine persönliche Arroganz verloren hat, weil seine Emotionen als Mensch ihm wichtiger waren.
Hat die Regie deshalb Richard Gere für die Rolle gewählt, einen Mann, der nichts anderes als individuelles, eigenverantwortliches Schicksal glaubwürdig verkörpert? Die Antwort ist: Ja.
Vierzig Jahre lang herrscht dieser David über sein Volk, schlägt alle Feinde und wird gottesfürchtiger denn je. Jetzt, da er die Mahnungen der Propheten ernst nimmt, leuchtet er wie das Licht der Schöpfung selbst. Als er alt geworden ist, schickt er nach dem Propheten Nathan, der seinen Sohn Salomo zum König machen soll.
Wir sehen Richard Gere staubgrau auf seinem Lager, mit einem Gesicht wie der Moses aus den bekannten Hollywood-Klassikern. Was er noch zu sagen hat, wird von einem Schreiber für das Buch Samuel und damit für die Ewigkeit festgehalten.
Richard Gere hat sich mit dieser Rolle eingetragen ins Buch der alttestamentarischen Darsteller, und er hat es nicht schlechter gemacht als seine Vorgänger. Aber auch nicht besser. Das verhinderten der historische Pomp und das Pathos des Geschehens, beides für einen Schauspieler wie Gere nicht geeignet. Und so kehrte er in seinem nächsten Film auch schnell wieder in die Gegenwart zurück. Aus King David wurde Pete St. John.

Als Pete St. John in »Power – Weg zur Macht«

Politik ist für ihn Geschäft. Er organisiert Wahlkampagnen für Meistbietende. Wenn es bei Auftritten politischer Redner Attentate, Tote, Verletzte gibt – um so besser. Dann läßt er mit der von ihm dirigierten Fernsehkamera ganz nah draufhalten. Je dramatischer die Bilder, desto erfolgreicher sein Konzept. Das sagt Pete St. John und denkt sich schon den nächsten Werbeknüller aus. Er ist ein absoluter Profi des Politik-Marketings.

Gestenreich unterstützt Richard Gere die Theorien dieser Figur. Er scheint von allem, was dieser Manager tut, überzeugt zu sein. Zweifel des Zuschauers läßt er nicht aufkommen.

Politische Inhalte interessieren diesen Mann überhaupt nicht, ihn interessieren nur starke Bilder und Berichte, Publicity um jeden Preis. Und wer ihn agieren sieht, ahnt auch schon warum. Er ist ein Manager des unbedingten Erfolgs im Mutterland des Erfolgs. Einer der Macher, die das nordamerikanische Business so unnachahmlich hervorbringt.

Dieser Mann im ausgewählt eleganten oder ausgewählt sportlichen Anzug, mit dem gepflegten Schnauzer, dem gutfrisierten Haarschnitt, den tadellosen Manieren, dem besten Leumund – er ist ganz oben. Und nur das ist für ihn wichtig.

Daß er dennoch ganz locker ist, zumindest gegenüber Frauen, ist fast schon ein Wunder. Aber eben ein typisch amerikanisches Wunder. Das Wunder eines Mannes, den nicht politische Programme, sondern Prozentzahlen scharfmachen. Von diesem Ausgangspunkt entwickelt er seine Kampagnen – und kehrt zu den Frauen zurück, die ihn dafür rückhaltlos bewundern.

Die Kandidaten, die er betreut, müssen eine positive Ausstrahlung besitzen, man muß ihre Energie spüren. Farben sind ihm wichtig. Und er muß genau bestimmen können, was gemacht wird, das heißt: seine Kandidaten geben ihr Denken an ihn ab. Er will seine Macht spüren. Er selbst nennt das: Professionalität.

Unnachahmlich sitzt, geht oder steht Richard Gere in dieser Funktion in seiner vollausgerüsteten Medienanstalt und berät. Sein Gesicht strahlt Wärme und Vertrauen aus, er lächelt. Seine Gesten sind einnehmend. Lässig schlägt er die Beine übereinander, lehnt sich im Sessel zurück und blickt sein Gegenüber ungehemmt an. Unter diesem zuversichtlichen, aber auch unverschämt direkten Blick schmilzt jeder dahin. Das ist die Basis, das ist der Anfang seines Erfolgs, den er mit viel lebensgeschichtlichem Vertrauen ausgefüttert hat. Seine Kenntnis der menschlichen Psyche spielt er be-

ruflich voll aus. Sie ist seine beste, seine kapitalträchtige Einlage.
Pete St. John ist käuflich. Und das wissen alle, die gewinnen wollen. Sie kaufen ihn – oder versuchen es zumindest. Aber er ist nicht nur der beste Mann in diesem Job, sondern auch der teuerste. Also kann er nur für die »Auserwählten« arbeiten, für die Wohlhabenden.
Dieser St. John genießt den Streß, er jettet hin und her. Während des Fluges entspannt er sich mit Swingmusik, die er mit nervigen Fingern oder Schlagstöcken mitklopft. Unter die Dusche geht er nicht allein, sondern mit einer nackten Frau. Und wenn er abends in Washington diniert, tut er das mit den korrektesten Manieren. Er ist ein Mann für jede Gelegenheit, und er arbeitet nur für die, die ihn wirklich brauchen – für die also, die seinen teuren Lebensunterhalt bezahlen können. Das ist sein ganz persönlicher Zynismus.
Der Film von Sidney Lumet führt diesen Mann vor, als sei er selbst ein Präsidentschaftskandidat. Die Politiker verschwinden hinter ihm wie Marionetten. Richard Gere wirkt derart kompetent, daß keiner an ihm vorbeischauen kann. Selbst dann nicht, wenn er nicht unbedingt im Bildmittelpunkt erscheint.
Er ist schön, arrogant, gebildet, gut gekleidet, immer auf Achse. Das ist der Hollywoodfilm seinem Star Richard Gere schuldig. Pete St. Johns Begleitpersonal ist beachtlich, und er arbeitet immer und überall. Zwischen Seattle, Washington und Santa Fé gibt es keinen, dessen Wahlstrategien besser ausgearbeitet sind. Und

da er durch Charme besticht, scheint es wirklich, als stünde er selbst zur Wahl. Richard Gere alias Pete St. John, der attraktivste Werbemanager, den es je gab, könnte sogar Woody Allen zum Präsidenten machen.
Richard Gere hat auch in dieser Rolle den Gang eines Aristokraten. An ihm ist alles dezent und elegant. Er geht ganz aus der Hüfte heraus, entspannt bis in die Fingerspitzen. Er läßt die Arme ganz locker hängen, die Hände vibrieren leicht in der Entspannung. Beim Gang dieses Mannes geht kein bißchen Energie verloren. Er sammelt sie in seinem Mittelpunkt. So hält er Körper, Geist und Seele beieinander – und kann seiner Energie, wo er sie braucht, freien Lauf lassen.
Sein stärkstes Kapital ist, wie gesagt, seine Lebenserfahrung. Er schaut die Menschen lange an und weiß, wen er vor sich hat. Er durchschaut die Masken der anderen, vor allem der Politiker. Mit Pete St. John spielt niemand Versteck.
Und Richard Gere, der aus Filmen wie »Atemlos«, »Ein Mann für gewisse Stunden« und »Ein Offizier und Gentleman« gestärkt hervorging, weil man ihm die emotionale Kompetenz und die libidinöse Ehrlichkeit abnahm, verkörpert diesen Mann, wie es kaum ein anderer Hollywood-Star seiner Generation könnte, obwohl dies nicht gerade eine Glanzrolle für ihn ist. Zu zerfahren und konzeptlos ist der Film des Hollywood-Routiniers Sidney Lumet, und zu selten bekommt Gere Gelegenheit, seine Schauspielkunst über längere Sequenzen hinweg zu demonstrieren.

Da er ohnehin kein Darsteller ist, der eine aufgedrehte Miniaturschau dessen abliefert, was man auf der Schauspielschule lernt, da er weder ein »Actors'Studio«-Darsteller oder ein hysterischer Egomane ist, bleibt er notgedrungen blaß.
Er versucht – wie fast immer – mit der Reduktion seiner Mittel Wirkung zu erzielen. Aber damit kommt er bei einem Regisseur wie Sidney Lumet, der die mimische Aktion und das Improvisieren liebt, nicht an. Die Regie läßt ihn im Stich und konzentriert sich auf Nebendarsteller wie etwa Gene Hackman, der seine gewohnt exaltierten Manierismen ungehemmt laufen lassen kann. Bei Sidney Lumet kamen stets große Schauspieler, die den Soloauftritt nicht scheuten, gut heraus. Etwa Al Pacino, der den quirligen Zufallsgangster in »Hundstage« unnachahmlich meisterte. Oder Paul Newman als beeindruckender Gesetzesvertreter in »Verdict«. Schauspieler dieses Kalibers besetzen den Mittelpunkt der Szene und geben ihn nicht mehr her. Richard Gere ist nicht von dieser Art. Er setzt auf die leisen Töne und agiert auch schon mal vom Hintergrund aus. Kaum einzusehen, warum Sidney Lumet in seinem engagierten, wenn auch nicht klar erzählten Film mit jemandem arbeiten wollte, der seine darstellerischen Mittel eher nebenbei zeigt. Einer, der als Sympathieträger erscheint und keine Faxen liebt.
Statt einen solchen Darsteller zu unterstützen, will der Film politischen »Hintergrund« zeigen. Das ist ehrenwert, denn es geht um die miesen Machenschaften der

Energiewirtschaft und ihrer Lobby, um den kriminellen Kampf gewisser Wirtschafts-Giganten gegen den Umweltschutz. Aber der Film nimmt sich zuviel vor und verspielt, was er zeigen will. Großer Aufwand, kleine Wirkung.
Am besten wirkt Gere in der High-Tech-Welt seines vollelektronischen Studios. Hier verschmilzt er beinahe mit den Apparaturen, und hier gewinnt er zu seiner unbestreitbaren Attraktivität noch etwas sehr Wichtiges hinzu: Er überzeugt durch fachliche Kompetenz.
Denn bei seiner Arbeit kommt es auf Wissenschaftlichkeit an. Statistiken wollen überprüft, Umfragen gestartet, Analysen erstellt, soziologische Konzepte ausgetüftelt sein. Und schon zieht der unfehlbare Pete St. John seine Hornbrille aus dem Etui, setzt sie sich vor die scharfen Augen und gewinnt den Durchblick.
Richtig interessant wird die Rolle, als die Gestalt des intelligenten und cleveren Werbestrategen kippt. Der Mann fällt aus der Rolle. Seine Strategien nützen nicht mehr viel. Es gibt ganz andere Strategen im Hintergrund, denen er nicht mehr gefällt, die ihm am Zeug flicken wollen. Denen er zu liberal erscheint, einfach auf Grund seiner Manieren, obwohl er sich um Politik nicht kümmert.
In dieser Situation verwickeln sich die Fäden, die Pete St. John gewöhnlich in der Hand hält. Seine kalte Cleverness und seine Arroganz fallen von ihm ab. Er wird abgehört, körperlich bedroht, seltsame Dinge geschehen. Sein Flugzeug wird durchwühlt, Aufträge werden

zurückgezogen, die bisher sicher schienen. Er kann sich keinen Reim machen auf das, was da geschieht.
Er lernt die Angst kennen, und wir sehen ihn jetzt in einem Format, das die Identifizierung mit ihm zuläßt. Schon rückt uns die Figur näher, die so unnahbar, so bewundernswert und fern erschien.
In dieser Rolle war Richard Gere immer besser – in der des Verfolgten. Mit Ausnahme von »Internal Affairs« schien ihm die Rolle des Verfolgers und Jägers nicht auf den Leib geschrieben. Dafür war er seinem Publikum zu sympathisch. So ist es auch in diesem Fall. Die Brüche im Charakter, die Ecken und Kanten sind es, die er braucht. Der Teil Menschlichkeit, der seine Rollen unterscheidet von den wirklichen und dauerhaft Erfolgreichen, von den offiziellen Helden.
So darf er am Ende zurückfinden aus der kalten Arbeit des Wahlkampfmanagers zu den wahren Gefühlen – und damit auch zu seiner ehemaligen Ehefrau.
Pete St. John findet in sich die Ruhe und Wahrheit, die in seinem Job verlorengingen. Und im gleichen Maße sieht er die Dinge der Politik wieder so, wie sie wirklich sind. Er gibt mit dem arroganten Zynismus auch den Beruf auf und kehrt wieder zu einem Journalismus zurück, der in den USA auch Tradition hat. Den Journalismus der Watergate-Affäre, den die Demokratie nötiger hat, als charismatische Politiker, die oft von der Lüge leben.
Der Film endet mit dem Lächeln des Darstellers Richard Gere alias Pete St. John. Einem Lächeln, das Vertrauen einflößt.

Die Traumfabrik leckt das Blut eines Stars

Nach diesen vier Filmen war Richard Gere in Hollywood erst einmal erledigt. Die Filmbranche lachte über ihn und seine Manierismen. So schnell ändern sich Sympathien.

Daß man in der Traumfabrik jetzt sein Blut lecken wollte, hatte auch damit zu tun, daß man diesen Star nie richtig verstanden hatte. Die Leute hielten Gere für arrogant und unnahbar. Zwar hatten sie in der Vergangenheit bewundert, was sie für sein »erotisches Geheimnis« hielten, hatten seine Affären beklatscht und seinen nackten Hintern heimlich angehimmelt, wenn er ihn auf der Leinwand zeigte. Jetzt diffamierten sie ihn öffentlich als eitlen Beau mit narzißtischen Allüren.

Geliebt hatten ihn anscheinend nur wenige. Die Feinde waren weit in der Überzahl. Sie nahmen ihm übel, daß er sein Privatleben derart rigoros abschirmte, daß er das in Hollywood übliche »Networking« des Partybetriebes nicht mitmachte. Es begannen Gerüchte zu kursieren, die ihn in dubiose Verhältnisse verstricken wollten. Wer nicht öffentlich auftritt, kann sich schlecht dagegen wehren. Richard Gere wurde in schamlosen und gierigen Wortwitzen mit gewissen sexuellen Praktiken in Verbindung gebracht. Seine Karriere wurde abqualifiziert und miesgemacht. Er war entsetzt über die hereinbrechende Kampagne, hatte mit soviel Mißgunst nicht gerechnet und dachte darüber nach aufzuhören. Nur einen Film wollte er noch drehen: »Miles from Home«, ein lange herumgeschlepptes Projekt.

Gere drehte diesen Film auch. Die Geschichte zweier Brüder, die ihre ruinierte Farm aufgeben müssen, sich bewaffnen und gegen das Establishment zu Felde ziehen, das ihre schlimme Lage verursacht hat. Der Film war leidlich gut, aber ein Flop an der Kasse. Mit Richard Gere war offenbar kein Staat mehr zu machen.

Doch Gere fing sich wieder. Er hielt sich an das, was ihm sicher war: seine Freunde, seine wenigen guten Berater, seine Freundin Sylvia Martins. Die anderen waren offensichtlich einfach neidisch und stießen den Star, der nach Rollen und Ausdruck suchte, jetzt gnadenlos nach unten.

Dieses Phänomen ist in Hollywood bekannt. Wo Glitzer, Glamour und Geld zählen, ist nur der hoch im Kurs, der Kasse macht. Und das kann sich bei wandelndem Publikumsgeschmack sehr schnell ändern. Richard Gere war nicht das erste Beispiel dafür, wie Stars steigen und fallen.

Aber in anderer Hinsicht blieb er eine Ausnahme.

Buddhist und Menschenrechtler

Richard Gere hat mannigfache Talente. Er musiziert, schreibt, malt und beschäftigt sich seit seinen Studientagen mit Philosophie. Er ist darüber hinaus ein engagierter Menschenrechtler, der sich für die Belange Notleidender einsetzt.

Beispielsweise hat er eine Flüchtlings-Agentur in Los Angeles mitinitiiert, die sich vor allem um politische Asylanten aus Zentral- und Südamerika kümmert. Die Agentur heißt »El Rescate« und interessiert sich vor allem für Flüchtlinge aus dem Bürgerkrieg in Nicaragua oder um Opfer des rechtsradikalen Terrors der sogenannten »Todesschwadronen« in El Salvador. Richard Gere setzt sich finanziell und organisatorisch für »El Rescate« ein. Ein großer Teil seiner Gagen geht in Hilfsprojekte, die mit dieser Organisation zu tun haben. Außerdem tritt er regelmäßig als Zeuge und Sachverständiger vor dem US-Kongreß auf, wenn es die Flüchtlingsorganisationen in den genannten Ländern zu vertreten gilt.

Zu seinen politischen Neigungen äußerte sich der Star

einmal so: »Ich war immer an Politik interessiert. Als Student habe ich gegen das Pentagon demonstriert. Die Bullen haben mir auch ein paar Rippen gebrochen. Die Nicaraguaner hatten nach der Absetzung des Diktators Somoza nie eine wirkliche Chance, weil die Amerikaner das nicht zugelassen haben. Reagan und Bush waren die Menschen dort unten total schnuppe.«

Ein weiteres politisches Anliegen Geres ist das zentralasiatische Tibet. Das von China beanspruchte und besetzte Land strebt heute immer stärker nach Unabhängigkeit. Vertreten durch sein exiliertes, religiöses Oberhaupt, den Dalai Lama, besitzt das Land inzwischen eine relativ einflußreiche Lobby in aller Welt. Für die Aufklärungsarbeit in Washington fühlt sich Richard Gere zuständig.

Er ist mit dem Dalai Lama befreundet und vertritt, so oft es ihm die Arbeit erlaubt, die Interessen der um Unabhängigkeit kämpfenden buddhistischen Nation. Im Jahr 1989 begleitete Gere den Dalai Lama zur Verleihung des Friedens-Nobelpreises nach Oslo. Die Freundschaft mit dem im französischen Exil lebenden Oberhaupt der Buddhisten bedeutet Gere sehr viel. Hat der Gottkönig je einen Film seines Freundes gesehen?

»Wir sprachen bis jetzt nie darüber«, lachte Richard Gere auf diese Frage hin. »Er wußte, was ich beruflich tue und wollte wissen, ob ich vor der Kamera meine Gefühle preisgebe, ob ich wirklich weine oder Sympathie empfinde. Er wollte die Kraft meines Engagements herausfinden.«

Der Respekt vor geistigen Menschen, das Engagement für politisch Verfolgte, für religiöse Minderheiten und überhaupt für die Dinge der Welt, die nicht vom Hollywood-Glamour geadelt und damit konsumierbar sind – all das zeichnet Richard Gere aus.

Aber auch er profitiert davon, was sich allerdings nicht in Mark und Pfennig ausdrücken läßt.

In Zeiten der Krise, wie er sie Mitte der 80er Jahre durchmachte, erlauben ihm seine Interessen und Anliegen, sich zurückzuziehen auf eine starke Basis von Selbstwertgefühl und innerer Stabilität. Gere ist nicht angewiesen auf den dauernden Beifall der Besetzungsbüros oder auf die falschen Komplimente von Partygängern in der Glitzerstadt Los Angeles. So konnte er sich zurückziehen, nachdenken, arbeiten, neue Pläne machen, ohne großen Schaden an seiner Seele zu nehmen. Denn die Seele war – gewissermaßen – in besonders guten und klugen Händen.

Richard Gere ist seit Mitte der 70er Jahre praktizierender Buddhist. Durch die Beschäftigung mit dieser Religion fühlt er sich gefeit gegen die Anfechtungen des Ruhms – und gegen Niederlagen. Buddha gibt ihm Halt.

Dank seiner buddhistischen Haltung gelang es ihm, innerlich ruhig zu werden und sein Selbstbewußtsein Stück für Stück wieder aufzubauen. Daß ihm dabei vor allem die Praxis half, z. B. die Mitbegründung des Tibethauses in New York, in dem die Fäden für die zukünftige Befreiung Tibets zusammenlaufen, ist nur logisch.

Seine buddhistischen Ideale hatten für Gere auch immer Auswirkungen auf die Auseinandersetzungen mit den Rollen, die er im Film zu spielen hatte. Wie die Geheimnisse der Schöpfung überhaupt, ist auch der kreative Akt der Darstellung für ihn so etwas wie ein kleines Wunder. Jemand schlüpft in eine andere Person und verwandelt sich in sie – das ist ein Geheimnis, ähnlich den buddhistischen Vorstellungen von Tod und Wiedergeburt in einer anderen Form des Lebens, wie sie nach dieser Lehre allen Menschen widerfährt.
Der buddhistische Glaube erhielt ihm die Schaffenskraft und erlaubte ihm, sich aktiv an seiner eigenen Schöpfung, am Phänomen Richard Gere zu beteiligen. Sich selbst immer besser kennenzulernen, ist deshalb Geres Hauptinteresse. Das innere Wachstum – das ist für ihn die wirkliche Lebensarbeit. Übereinstimmung von Seele, Geist und Körper – eine Weisheit, die gerade für gestreßte, moderne Menschen das Wichtigste ist oder sein sollte.
Der Star sagte dazu einmal: »Es gibt zwei Dinge, die alle irdischen Geschöpfe, seien es Ameisen, Menschen oder Vögel gemeinsam haben – wir suchen das Glück und möchten das Leid vermeiden. Wir sind insofern alle Brüder und Schwestern auf dem gleichen Weg. Das ist die Grundlehre des Buddhismus und jetzt auch die meine. Ich lebe danach.«
Innere Harmonie ließ ihn seinen Karriereknick relativ gelassen überstehen. Der andere Grund war, wie er selbst meinte: »Meine Karriere war bis dahin so erfolg-

Das offizielle Filmplakat zu »Cotton Club«. Gere mit seinem Kornett und der Gangster Dutch Shultz mit blauen Bohnen

Richard Gere als noch junger König David im gleichnamigen Film von Bruce Beresford

In »Miles from Home« als rebellischer Farmer

Edward Lewis bekommt Vivian, a pretty woman...

Die Rolle, die sein Comeback einleitete: Gere als Edward Lewis in »Pretty Woman«

reich verlaufen, daß ich erstmal genug Geld hatte. Die Furcht, als Nachwuchsschauspieler ohne Penny dazustehen, fiel weg. Ich konnte mich also beruhigt anderen Dingen des Lebens zuwenden.«

Privatleben

Infolgedessen sah man Richard Gere nun nicht mehr in seinem glitzernden Mercedes-Sport-Coupé den Sunset Strip oder den Hollywood-Boulevard der Dämmerung hinunter flitzen. Er hatte es schon lange satt, das Leben eines »Gigolos« zu führen, dem die Damenwelt hinterherschnalzte. Zwar blieb ihm für sein Privatleben nicht viel Zeit, die politischen Aktivitäten fraßen ihn auf, aber wenn er in Beverly Hills einmal ausspannt, dann hört er alte Songs von Marilyn Monroe, bastelt an seinem Haus herum und schaut sich in seinem eigenen kleinen Kino Filme an.

Das klingt privatistischer, als es ist. Gere ist kein Sonderling, der nichts mehr mit der irdischen Welt zu tun haben will. Er ist nur vorsichtiger und ausgeglichener geworden. Daran hatte bis Mitte der 80er Jahre ganz sicher auch seine Lebensgefährtin »schuld«.

Richard Gere lebte seit 1979 mit einer Malerin zusammen. Sie kam aus Brasilien und hieß Sylvia Martins. Beide verstanden sich als ideales Paar, wollten jedoch nicht heiraten. Sie verstanden und ergänzten sich gut,

und keiner von beiden sah einen Grund, den Status zu verändern.
Auf die Frage, ob er Sylvia zu heiraten gedenke, antwortete Richard Gere zu dieser Zeit stereotyp: »Ich habe absolut kein Interesse daran. Ich glaube nicht, daß es notwendig ist. Und ich weiß nicht einmal, was es zu bedeuten hätte.«
Irgend etwas störte die Harmonie zwischen den beiden aber doch. Beide fühlten sich zwar dem anderen gegenüber vertrauensvoll und selbstverständlich verbunden, jedoch nicht verpflichtet. Und: Richard Gere wurden immer wieder Affären mit anderen Frauen nachgesagt. Beispielsweise mit der Französin Valérie Kaprisky, seiner Partnerin in »Atemlos«.
Wer sich an die Liebesszenen in diesem Film erinnert, versteht warum. Beide spielten die Situation in Valéries kleinem Apartment sehr realistisch. Man munkelte, der Geschlechtsakt sei nicht vorgetäuscht gewesen. Beim Dreh mußten die Anwesenden, außer Regisseur Jim McBride und dem Kameramann Richard Kline das Studio verlassen.
Auch mit der Designerin Diane von Fürstenberg, die er bei den Aufnahmen zu »Ein Mann für gewisse Stunden« kennenlernte, sagte man Gere ein Techtelmechtel nach. Er hatte Affären, auf die Hollywood ganz scharf war, mit Susan Sarandon (»The Rocky Horror Picture Show«), mit Babara Streisand und mit Priscilla Presley, der berühmtesten Witwe Hollywoods.
Auch mit dem Có-Star aus einem Film, den Gere aller-

dings erst noch drehen sollte, mit Nancy Travis aus »Internal Affairs«, sagte man ihm später eine Affäre nach. Das war 1989 – und für Sylvia Martins der Grund zum endgültigen Bruch, der sich schon seit zwei Jahren angekündigt hatte. Seitdem lebt Gere mit dem blonden, langbeinigen Topmodell Cindy Crawford zusammen, einer 25jährigen, exklusiven Sirene. Cindy hat heute den Status des teuersten Fotomodells der Welt. Sie kassiert bis zu 50 000 Mark am Tag – eine heiße Geldanlage.

Sylvia Martins hat jedoch auch nach der Trennung von Richard nur die beste Meinung von ihrem Ex. »Richard«, sagt sie heute, »ist die ehrgeizigste Person, der ich je begegnet bin. Er war jedoch immer nur brutal, um zu vertuschen, welch große Angst er hat, verletzt zu werden.« Und Diane von Fürstenberg meinte: »Er war nie ein Schweinehund. Das hat er immer nur gespielt.«

Wie auch immer, von all diesen Dingen wollte Gere nichts mehr wissen. Nur die neidische Öffentlichkeit redete unaufhörlich davon. Gere hatte sich wieder gefangen, er wußte, was er wollte. Und neben der verständnisvollen Sylvia Martins war – Mitte der 80er Jahre – der Buddhismus der Grund für seinen sich festigenden Seelenfrieden. Denn, so sagt Richard Gere: »Der Buddhismus ist keine Religion, er ist eine Technik, um sich selbst und innere Ruhe zu finden.«

Ein Filmprojekt war ebenfalls dazu angetan, dem angeschlagenen Star die innere Ruhe wiederzugeben. Die

Rede ist von dem Thriller »Gnadenlos« (No Mercy, 1986) unter der Regie von Richard Pearce.
Der Film hatte alle Voraussetzungen, Richard Geres Karriere wieder in Schwung zu bringen. An der Seite des Sex-Idols Kim Basinger spielte Gere den Chicago-Cop Eddie Jillette, der in New Orleans und Louisiana den gefährlichsten Auftrag seines Lebens erledigt, dafür aber auch die attraktivste Frau bekommt.
Der Film war ausgezeichnet, Geres Leistung tadellos. Kim Basinger sagte über ihren Partner: »Richard ist mir sehr teuer. Ein wunderbar sensibler Junge und ein bißchen mißverstanden.« Und sie fügte hinzu: »Er ist sehr, sehr komisch. In einer Komödie wäre er großartig.« – Auf diese Idee kam Gere später noch zurück.
Alles war in Ordnung – aber der Film wurde dennoch kein Erfolg. Es war wie verhext mit Richard Gere. Wenn einmal jemand wie er in der Patsche sitzt, dann richtig. Ein weiterer Flop war angesagt. Aber Gere spielte seinen Part perfekt.

Als Eddie Jillette in »Gnadenlos«

Wie ein Außerirdischer, in einem silbernen Kunststoffkostüm, taucht er am Stadtrand auf. Eddie Jillette arbeitet als Wagenwäscher und Tankwart, die Verkleidung dient den Werbemaßnahmen seines Bosses. Die Vermummung ist extragalaktisch, aber das Gesicht von Eddie ist ganz von hier und heute. Es ist frustriert, aggressiv und tödlich gelangweilt.
Das kommt nicht von ungefähr. Denn Eddie ist eigentlich ein Drogenpolizist im Einsatz und dieser Job inklusive Tarnung ist grotesk. Aber jetzt kommt Eddie in Fahrt. Er springt einem Dealer an die Gurgel und zerschlägt zu diesem Zweck die Frontscheibe von dessen Auto. Er nimmt immer den direkten Weg, auch wenn es der weitaus beschwerlichste ist. Eddie geht aufs Ganze.
Richard Gere ist gleich voll da. Seine halblangen Haare sind verschwitzt, sein Gesicht reflektiert die Spannung, unter der er offensichtlich steht, seine Bewegungen sind nervig und geschmeidig. Er produziert Emotionen, tänzelt durch die Szenen. Motorisch angetrieben von

einem unsichtbaren inneren Unruheherd ist dieser Bulle unablässig an allem dran, was aufregend ist oder es zu werden verspricht.
Der Bulle aus Chicago hat ein proletarisches Benehmen. Er läuft herum wie ein Verladearbeiter. Irgendwie schmuddelig, aber das gehört nur zu seiner Tarnung. Als er sich wenig später als bestellter Killer ausgibt, der einen Mann umlegen soll, den er nicht kennt, kommt ihm diese Tarnung zugute. Sein Auftraggeber, der mit Barem bezahlt, ein High-Society-Mensch aus dem Süden, fällt darauf rein. Dabei müßte er sehen, daß dieser Mann, schon wenn er aus dem Auto steigt und die Lage blitzschnell sondiert, ein Aufpasser ist. Und erst recht, wie er die Leute nach verborgenen Waffen abtastet! Profi durch und durch.
Immerhin, seine Gesten sind wie bei denen von der Straße, und seine Rede strotzt von Vulgaritäten. Und wie er die Braut seines Gentleman-Auftraggebers anpöbelt, könnte man schon darauf kommen, daß er einfach nur schlechte Manieren hat, weil er als sozialer Versager keine Frau abbekommen hat.
Bevor der Zuschauer diese Probleme noch durchdenken kann, ist Eddie Jillette in größten Schwierigkeiten. Sein Auftraggeber stirbt durch eine Panzerfaust, sein Kumpel von der Polizei bekommt ein Messer in den Bauch, und er selbst entgeht nur ganz knapp einem Kugelhagel.
Richard Gere wirkt im Moment größter Gefahr sehr kompetent. Angetan mit Jeans und brauner Lederjacke

hechtet er sozusagen durch die Nacht von Chicago, um unvermuteten Verfolgern, die gnadenlos hinter ihm her sind, zu entkommen. Und man nimmt sie ihm ab, diese Actionszenen, die die Regisseure gewöhnlich viel zu selten von ihm verlangen.
Wer diesen geschmeidigen Körper, dieses angespannte Gesicht, diese traumwandlerisch sicheren Bewegungen und die Schnelligkeit des Handelns in den ersten zwanzig Minuten von »Gnadenlos« gesehen hat, wünscht sich mehr Action von Richard.
Und das gerade deshalb, weil Gere eigentlich ein Softie ist, ein Darsteller, der so weich und verletzlich, so sensibel und intelligent wirkt, daß Action nicht seine Sache zu sein scheint. Dadurch wirkt er in der Härte doppelt attraktiv, geradezu sinnlich, aufgeladen mit der »Erotik« der Tat.
Jillette macht sich auf nach New Orleans, woher sein Auftraggeber und auch dessen Opfer – das nun unvorhergesehener Weise sein Mörder ist – kommen. In der Glut des Südens – der Film nimmt sofort, wie aus unsichtbaren Quellen gespeist, sprühende Farbe und gleißendes Licht auf – hofft er, seine Wut, die nun ins Unermeßliche gewachsen ist, an den Mann bringen zu können.
Richard Geres Haare scheinen zu sprießen, während er durch diesen Film geht. Auch sein Bart wächst, die Schatten werden dunkler. New Orleans kann die Hölle sein, da muß man sich einen Pelz und ein dickes Fell zulegen. Gere, alias Jillette, Detective aus Chicago,

durchquert den Sündenpfuhl des Südens – immerhin einiges gewöhnt, denn auch Chicago ist nicht Lourdes – wie ein Unbestechlicher und Heiliger. Soviel Vertrauenerweckendes an einem einzelnen Mann wirkt in diesem Sumpf fast schon wie eine Gnade.
Und er wirkt darüber hinaus einsam. Hochaufgerichtet, geschmeidig, durchquert er die Hinterhöfe und dunkle Gassen auf der Suche nach einer greifbaren Spur. Ein Außenseiter im Zustand der Gnade. Eine Aura von Reinheit umgibt Gere, der nichts anderes will, als seinen besten Kumpel zu rächen. Aber so allein gegen alle kann er keinen Erfolg haben – denkt der Zuschauer. Und das denken auch seine bösen Feinde.
Jillette ermittelt weiter. Diesmal in Algiers, dem besonders gefährlichen und für Fremde tabuisierten Viertel von New Orleans. Wenn schon Schlamassel, dann richtig, denkt sich der Bulle aus dem Norden und taucht, halb naiv, halb hartgesotten, in die Bredouille des Südens ab.
Algiers – der Name allein verursacht manchen Leuten schon eine Gänsehaut. Algiers ist im permanenten Kriegszustand mit allem und allen. Ein Ort der Ungerechtigkeit und Gewalt, der richtige Platz für Jillette, der im Augenblick die ganze Welt in die Luft sprengen könnte!
Und schon hat er die blonde Frau, die bisher im Hintergrund spielte – dargestellt von Kim Basinger – aus der Höhle des Löwen mit Namen Losado herausgeholt. Die Frau, die den Mörder seines Polizeifreundes identifizie-

ren kann. Er muß sie unbedingt nach Chicago bringen. Aber wie?
Eddie Jillette denkt nach, während er handelt. Er ist kein Fall für die Polizei-Akademien und Hörsäle, ihm kommen die besten Einfälle beim Tun. Mit dieser Devise hat er jetzt Riesenerfolg.
Er schafft Michelle, die Leibeigene des Herrschers von New Orleans, aus der Stadt. Auf der Flucht landen beide in den Sümpfen von Louisiana, in den schrecklichen Everglades, in denen man nicht leben, sondern nur elend verrecken kann. Sie sind mit Handschellen aneinandergekettet, und der Schlüssel ist weg.
Faulig fließen die Wasser der Everglades und mit ihnen die Handlung dieses Films, der immer dramatischer wird. Wie eine verdingliche und sichtbare Kinozeit, sieht der Zuschauer immer wieder groß im Bild die fließenden Flüsse, stromabwärts. Flüsse und Zeit, in denen sich die Filmhandlung realisiert. Eine schöne Einheit von Ort, Handlung und Zeit herrscht in diesem strengen Filmdrama, das beinahe aristotelische Dimensionen annimmt. Aber hier regieren nicht antike Götter, sondern die weltlichen Herren von New Orleans und die grandiose Natur Louisianas.
Die Musik von Alan Silvestri tut ein übriges, um dem Film eine beinah antike Strenge und Dramatik zu geben. Und die Gesichter der beiden Hauptdarsteller, Richard Gere und Kim Basinger, gleichen – in Schlamm und Dreck der Everglades – immer mehr

Totenmasken, bleich, ausgezehrt und gezeichnet von der Anstrengung in einer absolut feindlichen und fremden Welt.
Das ändert sich auch nicht in Momenten der Ruhe, wie etwa der anschließenden Szene, in der die beiden Verfolgten sich in einem abgelegenen Haus von Cajun-Fischern verstecken, sich in voller Montur unter die Dusche stellen und den Dreck abwaschen. Wieder fließt Wasser und die Filmhandlung steht einen Moment still, der Zuschauer sieht nur noch diese beiden Darsteller und ihre angespannten Gesichter, über die das Wasser rinnt, als wären es die schicksalhaften und plötzlich sichtbaren Fäden der Zeit.
Bald danach nimmt der Film wieder Fahrt auf. Richard Gere kommt mit seiner Gefangenen Michelle glimpflich davon. Beide überleben. Aber der Bulle aus Chicago muß jetzt illegal und ohne Rückendeckung von irgend jemandem weitermachen, wenn er nicht im Knast der Polizei von Louisiana landen will. So groß sind hier die Rivalitäten gegenüber einem Ordnungshüter aus dem Norden.
Gere spielt die folgenden Szenen konzentriert und mit bravouröser Action-Qualität. Er macht allein weiter, fährt zurück nach Algiers, in die Höhle des Löwen und meldet sich bei seinem gewalttätigen Gegner Losado auch noch an. Wie will er diesen selbstmörderischen Trip überleben?
Die Filmregie von Richard Pearce ist in diesen Momenten gnadenloser Gewalt ganz groß. Pearce nimmt die

Action, so oft es geht, stilistisch zurück, kontrastiert das atemberaubende Geschehen mit dezenten ästhetischen Mitteln, wie einer intensiven, ruhigen Kamera, matten Farben, mäßigem Handlungstempo, viel atmosphärischem Licht und überhöht so die Spannung. Seine Darsteller folgen ihm in dieser Absicht durch unaufdringliches Spiel, das mit sehr wenig individuellen Manierismen auskommt. Vor allem Richard Gere paßt sich nahtlos ein in das minimalistische Konzept.
Wie er durch das ganze letzte Filmdrittel geht, gleicht er einem Mann, der sich angesichts des ihm umgebenden Schreckens bereits aufgegeben hat. Ein Kamikaze-Polizist, der nur noch den Verbrecher Losado will, selbst wenn er dabei draufgeht. Ein menschlicher Schatten in der Dunkelheit von Algiers, gut bewaffnet zwar, aber chancenlos. Ein negativer Held, der kaum aus eigener Kraft, sondern nur durch eine Kette von Wundern überleben kann. Der Polizist des glücklichen Zufalls, so scheint es.
Aber Jillette hilft natürlich ein wenig nach. Jetzt erst merkt der Zuschauer, was in dieser Figur alles steckt.
Während er in einem schäbigen Hotel auf seinen Feind wartet, findet er noch Zeit, Gefühl und Kraft, Michelle zu lieben, die ihn klammheimlich bei Nacht aufsucht. Wieder regnet es, und das flackernde Licht von draußen huscht über Jillettes Gesicht. Ein Mann im Zwielicht.
Es sieht aus, als verabschiede sich der Film an dieser Stelle schon von ihm mit einer Art ästhetischem Nach-

ruf aus Licht und Schatten. Es ist ein Augenblick tiefster Entspannung und größtmöglichen Friedens inmitten tödlicher Gefahr. Die Stille im Auge des Hurrikans.
Und dann kommt der Machtmensch Losado. Er rückt mit seinen Killern an, und die Idylle ist jäh zu Ende.
Jillette hat sich im Hotel, das er zu einer Art gigantischer Rattenfalle umfunktionierte, verschanzt. Wie ein Soldat auf vorgeschobenem Posten im Feindesland, hat er seine Köder ausgelegt und wartet auf die heranschleichenden Killer, die sich in den hochexplosiven Fallstricken verfangen sollen.
Der Countdown läuft. Alles geht zu Bruch. Richard Geres Ausdruck wechselt in den letzten Szenen vom tatkräftigen Krieger, der seine Schlachten zu schlagen weiß, zum Opfer in der Klemme, das sich im Kugelhagel verzweifelt zu behaupten versucht und dabei jede Menge Schrammen abbekommt.
Gegenüber seinem allmächtigen Feind wirkt er wie ein zwar cleverer, jedoch unterlegener Mann. Wo Losado hochaufgerichtet dasteht, groß, mächtig, massig, als Schicksal stilisiert, mit brennenden Augen und der großkalibrigen Waffe im Anschlag, wälzt sich Jillette im Dreck der von den Explosionen ausgelösten Trümmer. Er kämpft von unten her, den Kampf des Guerilleros gegen den gewalttätigen Herrscher.
Das erhöht sein ziviles Image gegenüber dem martialischen Ausdruck seiner Feinde. Eddie Jillette ist jetzt nur noch ein Bürger, der den Terror der Macht überleben will. Und er überlebt ihn, im Gegensatz zu seinen Fein-

den. Er hat die Chance, die er eigentlich gar nicht hatte, genutzt.
Am Ende geht er mit Kim Basinger im Arm davon, ein Darsteller, der in diesem Film alles gegeben hat, was man von einem Schauspieler erwarten darf.

Frage-und-Antwort-Spiele

Natürlich dachte Richard Gere nach dem erneuten Mißerfolg weiter über seine Situation nach. Sollte er wirklich aufhören? Konnte er sich ein Leben ohne die Schauspielkunst vorstellen? Gaben seine anderen Aktivitäten außerhalb der Leinwand ihm wirklich soviel Befriedigung, daß er ohne den Film auskommen konnte? Oder sollte er versuchen, auf die andere Seite des Filmgeschäfts hinüberzuwechseln, Produzent, Regisseur, Autor zu werden?

Fragen über Fragen. Die er sich selbst stellte und die ihm gestellt wurden. Nie gab Gere so viele Interviews wie in der zweiten Hälfte der 80er Jahre. Vielleicht hoffte er, durch lautes Nachdenken über sich und seine Zukunft, den richtigen Weg zu finden. Vielleicht war auch überhaupt etwas falsch am Starsystem des nordamerikanischen Kinos, dessen Personenkult logischerweise auch die Demontage eines Stars bedeutete, wenn er nicht mehr »ankam«.

Sicher haben Stars wie Dustin Hoffman, Al Pacino, Meryl Streep u. a. einen starken eigenen Anteil an ihrer

Karriere. Sie besitzen einfach Persönlichkeit, die ihnen niemand nehmen kann, und auch Richard Gere gehörte zweifellos zu den Stars, deren brillantes Spiel dann nur den Kult um die jeweilige Person förderte.
Aber durch die Rollen hindurch, die Gere inzwischen gespielt hatte, war er weiter denn je entfernt von jenem »Matinee-Idol«, das in den USA so beliebt ist: dem Star fürs Wohnzimmer, besonders am Sonntag-Vormittag. Dafür war er zu gut, zu facettenreich – und wohl auch zu eigenwillig.
Vielleicht hatte die Öffentlichkeit sich auch zu schnell daran gewöhnt, in dem Julian Kaye aus »Ein Mann für gewisse Stunden« den Richard Gere zu sehen, den sie sehen wollte. Gigolo-Fanclubs hatten sich gebildet, die sein Bild wie eine Ikone vorantrugen. Das konnte mit einem so vielseitigen Star wie Gere nicht gutgehen.
Schließlich vergaß das Publikum dabei zumindest die andere Seite dieses Darstellers: den buddhistischen Mönch, den Zen-Anhänger. Wie sollten diese beiden Seiten zusammengehen?
In den Interviews, die Gere in der Zeit seiner Krise gab, versuchte man oft, ihm aus Sympathie auf die Sprünge zu helfen. Das folgende Frage-und-Antwort-Spiel hat so nicht stattgefunden, aber die Antworten, die Gere in den Mund gelegt werden, geben ziemlich genau wieder, was bei einer Quersumme seiner Interview-Antworten in dieser Zeit herauskommen würde.
Die meistgestellte Frage war: *»Was denken Sie über das nordamerikanische Kino und sein Starsystem?«*

Gere antwortete gewöhnlich mit einem salomonischen: »Ich liebe es. Ich habe viel von ihm gelernt.« Oft wurde er auch auf das angesprochen, was er sich selbst unaufhörlich fragte. Ob er in der Filmindustrie etwas anderes zu machen gedenke als die Schauspielerei, beispielsweise ein Drehbuch zu schreiben. Und er antwortete meist:

»Es ist alles in der Schwebe. Ich möchte vieles, aber ich habe keine Zeit. Ich mache manchmal Notizen und habe auch Pläne, etwas fertigzustellen. Aber ernsthaft halte ich nichts in der Hand.«

»Und wie steht es mit der Filmregie, Mr. Gere?«

»Weiß nicht. Vielleicht fehlt mir das Temperament dazu. Ich glaube, ich kann schlecht vermitteln zwischen einer Menge von Personen. Regisseure wie Paul Schrader oder John Schlesinger können das sehr gut. Ich nicht, und ich weiß nicht, ob ich es lernen könnte.«

Aber möchte er nicht vielleicht trotzdem gern auf dem Regiestuhl Platz nehmen?

»Das ist etwas anderes. Natürlich möchte ich. Ich habe auch durchaus meine eigenen Ideen, wie Inszenierungen zu machen sind. Mit Regisseuren, die ich mochte, habe ich oft und lange über die Regie diskutiert. Wenn ich jemals Regie führen sollte, dann allerdings in einem Film, in dem ich als Schauspieler nicht auftrete. Wenn man selbst spielt, ist man zu keiner vernünftigen Regie fähig.«

»Begreifen Sie die Filmregie als logische Fortsetzung ihrer Karriere, gerade jetzt in Ihrer Schaffenskrise?«

»Als Impuls ganz sicher! Aber auch als Schauspieler kommen so viele interessante Dinge auf mich zu, daß mich dieser Job absolut befriedigt! Wenn dies nicht mehr der Fall ist – im Moment ist es durchaus noch so – dann kann es sein, daß ich mich automatisch in Richtung Regie bewege.«

»Und wie steht es mit dem Theater, mit dem Sie am Anfang Ihrer Karriere so viel Erfolg gehabt haben?«

»Wenn ich ehrlich bin, glaube ich nicht, daß dieser Weg zurück der richtige wäre. Ich habe seit Jahren nicht mehr vor einem Publikum gestanden.«

»Haben Sie jemals eine miserable Rolle gespielt?«

»Nein, keine wirklich schreckliche Rolle. Natürlich kann man sich da sehr täuschen. Um das wirklich zu beurteilen, muß man zumindest einige Zeit vergehen lassen und sich dann sein Spiel noch einmal aus der Distanz ansehen. Nach einem Jahr etwa hat man mit Sicherheit vergessen, mit welchen Intentionen man an die jeweilige Rolle heranging und kann sich dann kritischer beäugen.«

»Letzte Frage, Mr. Gere. Wie wählen Sie eigentlich Ihre Rollen aus?«

»Jedenfalls nicht danach, ob die Rolle einem Kaugummi gleicht, den man eineinhalb Stunden lang durchkaut.«

»Aha. Thank you, Mr. Gere!«

Das Comeback eines Totgeglaubten

Im Jahr 1988 drehte Richard Gere »Miles from Home«, seinen Wunschfilm. Aber auch dieses Lichtspiel entpuppte sich – wie schon erwähnt – als Kassenflop. Und noch etwas war 1988 geschehen: Richard Gere tat sich mit dem fast zwanzig Jahre jüngeren Top-Modell Cindy Crawford zusammen. Sie brachte neue Energie in sein Leben. Plötzlich war wieder vieles möglich.

Sogar der Gedanke an Heirat und Kinder tauchte plötzlich in Geres Vorstellungswelt auf. Ein Novum! »Irgendwie gefällt mir die Vorstellung«, ließ der Star verlauten, »für den Rest meines Lebens Babysitter und Gitarre zu spielen. Ich wäre bestimmt ein guter Daddy.«

Doch soweit ist es noch nicht. Und mit dem Ende der 80er Jahre änderte sich, für Gere selbst überraschend, das Spiel um Erfolg und Mißerfolg. Plötzlich waren zwei Rollen da, die ihn wieder dahin brachten, wo er in der ersten Hälfte der 80er Jahre gestanden hatte. Ein Comeback war zu melden.

Der erste Film hieß »Internal Affairs«.

Der Brite Mike Figgis versuchte damit, nach seinem Er-

folg mit »Stormy Monday«, einem Musikthriller aus der Unterwelt von Newcastle, auch in den USA Fuß zu fassen. Und das gelang ihm. Die hervorragenden Schauspieler Richard Gere und Andy Garcia halfen ihm dabei ebenso wie die Kamera von John A. Alonzo und der vibrierende Soundtrack, den Figgis selbst neben Anthony Marinelli und Brian Banks komponierte.
Richard Gere wechselte in diesem düsteren Thriller um einen charismatischen Gesetzesbrecher in Uniform radikal sein Image. Plötzlich trat er als abgrundtiefer Bösewicht auf, der seinem Gegenspieler, dem »guten« Bullen, in der Arena von Los Angeles ein spektakuläres Duell liefert. Da konnten seine Fans nur staunen. Aber sie liebten ihn in diesem elektrisierenden Thriller gerade deshalb, weil er es gewagt hatte, radikal aus seinem Schatten herauszutreten und die Kritiker zu überraschen.
Seine eigene Begründung war: »Dennis Peck hat überhaupt kein moralisches Empfinden. Er ist wie eine Raubkatze im Dschungel, die tötet, um zu fressen. Ich selbst kann keiner Fliege etwas zuleide tun. Wir alle tragen aber negative Emotionen in uns. Ich habe mich entschieden, sie in diesem Film auszuleben, um zu sehen, wo genau sie bei mir liegen.«

Als Dennis Peck in »Internal Affairs – Trau' ihm, er ist ein Cop«.

Das erste Bild gehört ihm. Die Waffe im Anschlag, schiebt sich der uniformierte Polizist Dennis Peck durch die Nacht von L. A. Seine militärisch kurzgeschnittenen Haare sind grau, sein Teint braun, seine weißen Zähne blitzen, er bewegt sich geschmeidig. Würde Richard Gere so vor seine Fans treten, könnte er sicher sein, daß ihm niemand etwas Böses unterstellt. Doch wir sind im Film von Mike Figgis. Und hier sieht die Angelegenheit ganz anders aus.

Noch während der Vorspann läuft, begeht er schon das erste Verbrechen. Er unterschiebt einem von der Polizei erschossenen, unbewaffneten und unverdächtigen Mann ein Messer und konstruiert so einen Fall von Notwehr des betreffenden Kollegen. Dabei verzieht er keine Miene. Das Gesetz ist ihm egal. Dieser Bulle ist eiskalt.

Aber schon in der übernächsten Sequenz ist der Eindruck, den der Zuschauer von Dennis Peck bekommt, ein ganz anderer. Und dazu trägt Richard Gere entscheidend bei.

Gere muß einen Kollegen besänftigen, der aus Eifersucht seine Frau schlägt. Und wie er das macht, das gleicht fast einer homosexuellen Handlung. Er bringt den Rasenden zur Räson, ohrfeigt ihn, schüttelt ihn, um ihn dann zu streicheln. Zärtlich nimmt er den Kopf des entnervten Bullen, zärtlich fahren seine Hände über Schultern und Nacken des jungen Mannes, sanft redet er auf ihn ein. Er sieht ihm tief in die Augen und umarmt ihn.

In solchen Momenten erkennt der Zuschauer sein Idol Richard Gere wieder. Das Idol des sinnlichen Mannes mit dem umwerfenden Sex-Appeal, den er in Filmen wie »Atemlos«, »Ein Mann für gewisse Stunden« oder »Pretty Woman« so eindrucksvoll unter Beweis stellte. Richard Gere ist als Schauspieler ein Anhänger der mimischen Reduktion. Auf seinem Gesicht wird der Zuschauer Grimassen vergeblich suchen. Eine emotionale Szene meistert er eher durch die Zurücknahme seiner Mittel, und wer sein Gesicht in Großaufnahme sieht, weiß auch so, worum es bei diesem Darsteller in der entsprechenden Szene geht.

Etwas anderes ist es, wenn Gere seinen Körper zum Einsatz bringt. Als körperbetonter Schauspieler legt er Wert darauf, seine ganze Erscheinung zum Resonanzboden des Spiels zu machen. Er veräußerlicht seine Rolle, wenn es sein muß, absolut. Das wirkt dann, im Kontrast zu seinem reduzierten mimischen Stil, besonders aufregend.

Der Film entfaltet auch den Kontrast zwischen dem

hartgesottenen Bullen und dem liebenswürdigen (wenn auch kaum liebenswerten) Privatmann. Peck ist zu Hause ein ganz ziviler Vater und Ehemann, zärtlich bei den Frauen und Mädchen. Ein überaus besorgter Mann und Patriarch, dem seine Beziehungen alles bedeuten. Seine Familie und seine drei Ex-Ehefrauen sollen keine Sorgen haben. Aber wenn er die schwarze Uniform des L. A.-Cops anzieht, verwandelt er sich in einen reißenden Wolf der Straße.

Dann ist er enervierend. Er strickt pausenlos am feinmaschigen Netz seiner Intrigen. Solange es geht, versucht er durch Freundlichkeit bei Freund und Feind, seine Lügengebäude zu retten. Er ist gefährlich in seiner Freundlichkeit und noch gefährlicher in seinem Haß. Wehe, es kommt ihm jemand in die Quere. Wie eine entsicherte Waffe bedroht er die Harmonie der Welten, in denen er sich bewegt.

Aber dieser Cop ist auch ein »Mann für gewisse Stunden«, ein Charmeur, ein idealer Liebhaber. Wie er aussieht, sich bewegt und sich gibt, hat er bei allen Frauen Schlag. Sogar bei den Ehefrauen seiner Kollegen. Und da fangen die Probleme wieder an.

Die Beschränkung auf die Rolle des Polizisten bringt für das Sexsymbol Richard Gere Einschränkungen, aus denen wiederum der Schauspieler seinen Nutzen zieht. Ohne die Uniform des L. A.-Cops wäre dieser Mann ein Loverboy erster Sahne. Aber diese Seite seines Wesens muß er in Uniform kräftig zügeln, das verlangt die Rolle. Gerade dadurch strafft Gere seine sonstigen Manierismen, zügelt sein verführerisches Lächeln, zeigt wenig her von seinem attraktiven Körper, hält sich in allem zurück. Er überführt seinen Sex-Appeal gewissermaßen auf die Ebene und Psychologie des Dennis Peck und verleiht dieser düsteren Figur damit eine verführerisch glitzernde Ausstrahlung.

Plötzlich zieht dieser Mann die Uniform aus, ein weißes Seidenhemd und einen grauen Anzug an. Nur sein militärischer Haarschnitt stört noch. Aber schon ruht seine Hand auf dem Oberschenkel der Ehefrau eines sogenannten guten Bürgers, für den er Schmiergeschäfte einfädeln soll. Außer Dienst ist Peck eben ein ebenso scharfer Hund wie an den Tatorten von Los Angeles. Nur seine Methoden unterscheiden sich um einige Nuancen.

Spätestens hier stöhnen die Fans von Richard Gere auf. Dieses Hollywood-Idol und ein böser Bube? Nie und nimmer! Aber schon geht Gere alias Peck noch einen Schritt weiter.

Er ist in der Klemme. Ein intern ermittelnder Polizistenkollege ist seinen korrupten Machenschaften auf die Spur gekommen. Jetzt muß sich der Cop, Ehemann und Familienvater, der Initiator ganzer Informationsringe in der Unterwelt von L. A., überlegen, wie er aus der Schlinge kommt. Auf Kosten eines Mitwissers, eines anderen Cops, Ehemannes und Familienvaters, gelingt ihm das. Er läßt ihn umbringen, und als er nicht auf Anhieb stirbt, hilft er nach. Danach weint er.

Ganz nebenbei macht er sich auch noch an die süße

Ehefrau des Polizisten Raymond Avila ran, der gegen ihn ermittelt. Diesem Bullen ist nichts heilig, mit Ausnahme seiner persönlichen Macht. Für die tut er alles. Das ist seine Art, Sinnlichkeit auszuleben. Er stellt den traditionellen Hedonismus, die nicht zweckgebundene Sinnlichkeit, durch sein taktisches Tun auf den Kopf. Richard Gere demonstriert in Vollendung die Gefährlichkeit einer Figur, die nicht erst durch die Uniform zur Autorität wird. Es ist der Mann in ihm, der gefährlich ist, die verführerische, attraktive Seite seines Wesens, mit der er alle betört, Frauen und Männer gleichermaßen. Daß er als Polizist auftritt, verschafft ihm nur die Ausweise, die er braucht, um sein Spiel mit der Macht abzusichern.

Seine Fans werden Richard Gere für diese Rolle nicht verabscheuen. Sie werden ihn bewundern, daß er den Mut hatte, sein eingefahrenes Image des Sexsymbols zwar nicht ganz zu verlassen, aber doch zur Diskussion zu stellen. Selten zuvor gelang es einem Hollywood-Darsteller, Glamourfassade und moralische Korruption so erschreckend zu vermengen.

Man muß in der Filmgeschichte schon 50 Jahre zurückgreifen, um ein ähnliches Beispiel zu finden. Bis zu Orson Welles' Geniestreich mit der »Lady von Shanghai«, bei dem der Regie-Außenseiter das weibliche Sexsymbol Rita Hayworth ähnlich eindrucksvoll zur Disposition stellte, wie es Gere hier mit sich selbst tut.

Star Power

Wenn große Altstars in Talkshows auftreten und Rückschau halten, ist eins ihrer favorisierten Themen, wie angeblich leicht es junge Schauspieler haben, im öffentlichen Bewußtsein zu landen und berühmt zu werden. Sie klagen darüber, wie die großen Magie-Maschinen der modernen Studios dafür sorgen, daß sich die jungen Kollegen mit Star-Power präsentieren dürfen.

Sicher, so viel Publicity wie heute hat es in Hollywood selten gegeben, aber andererseits hat Hollywood selten weniger Stars überhaupt gebraucht. Stars waren bis ca. 1950 unverzichtbarer Bestandteil der Traumfabrik. Die Stars danach gab es dann trotz Hollywood – überspitzt formuliert.

Der Kinogänger und Fan ist heutzutage entscheidender für das Entstehen von Star-Power als die Image-Ingenieure der Traumfabrik, die früher auch am Publikum vorbei die Stars der Saison kreierten.

Richard Gere ist das beste Beispiel für moderne Star-Power, für die das Publikum mitverantwortlich ist. Er gab dem Kinogänger am Ende der 70er Jahre das Gefühl, in die große Zeit von James Dean und Marlon Brando zurückkehren zu dürfen, ohne die Segnungen und Lektionen der Zeiten danach vergessen zu müssen. Lektionen beispielsweise wie die Befreiung von der offiziellen Kriegsmoral der 50er Jahre.

Richard Gere brachte alles mit, was zur modernen Star-Power berechtigt. Vor allem ein prächtiges Äußeres. Glänzende schwarzbraune Augen, selbstsichere Frechheit, eine äußerst virile Ausstrahlung, einen wohltrainierten Körper, Rückgrat – und Arbeitsfähigkeit. Dazu noch das Image, auf der Leinwand Glamour und auf der Theaterbühne Intelligenz entfaltet zu haben.

Diese Kombination von persönlicher Ausstattung, Begabung und individueller Leistung machten seinen Aufstieg im US-Filmgeschäft unvermeidlich. Ein weiterer Grund liegt sicher darin, daß die Masse der Kinogänger und die Mehrheit der Kritiker seinen Widerstand gegen seichte Ware spürten. Diesem Mann war geschmacklich zu trauen, und er brachte mehr Sex-Appeal auf die Leinwand, als sonst zu haben war. Plötzlich stand er da, gewissermaßen im vollen Saft seines Glamours.

So unterschiedliche Stars wie Robert DeNiro, Al Pacino, John Travolta oder Nick Nolte hatten gewiß die Lobeshymnen der Kritiker von der »idealen Besetzung« verdient. Aber Richard Gere brachte mehr. Er kam als Schauspieler und als Sex-Idol. Vor allem im amerikanischen Kino gibt das letztlich den Ausschlag.

Der erste Beifall, den er bekommen hatte, verhallte eigentlich ungehört. Er hatte gute Nebenrollen, mehr nicht. Aber dann gingen die Leute plötzlich wegen Gere ins Kino. Das ist überdies eine brauchbare Definition von Starruhm, daß die Fans nach dem Start eines neuen Films allein wegen eines Stars ins Kino gehen – egal wie grausig das Lichtspiel sein mag. Es ist die typische Kultsitzung, die es nur im modernen Kino gibt.
So war die Situation schlagartig Ende der 70er Jahre, nachdem Gere als »American Gigolo« auf der Leinwand erschienen war. Für die weiter oben genannten Stars trifft die Definition ebenfalls zu. Aber es bleibt zu fragen, ob sie die unterschiedlichen und nicht immer positiven Rollen überlebt hätten, die Gere in Filmen wie: »Auf der Suche nach Mr. Goodbar«, »In der Glut des Südens«, »Heißes Blut« und »Yanks«, also in seinen ersten vier großen Rollen, auf die Leinwand gebracht hatte.
Zweifellos war die zwielichtige Gere-Performance in »Auf der Suche nach Mr. Goodbar« ein ungeheurer Schlag. Geres Darstellung des jungenhaft wirkenden, animalischen Liebhabers an der Seite von Diane Keaton glich einem Schock. Seine körperliche Präsenz drückte die Intention des Films vollkommen aus. Die Bedrohung, die von dem libidinösen Charakter der Rolle ausging, steigerte Diane Keaton noch durch ihre mädchenhaften Reaktionen. Das Zusammenspiel dieses Paares schuf eine neue Dimension in der Darstellung von Leinwand-Erotik.

Seit dieser Impression hat Richard Gere darauf bestanden, seine körperlichen Botschaften über Freiübungen und Nacktszenen ins Parkett zu schicken – auch dann, wenn der Film die Notwendigkeit dafür nicht ahnen ließ. Es gefiel ihm und auch dem Publikum; Gere hielt solche Szenen für notwendig, um seinen speziellen Hedonismus unter die Leute zu bringen.
Sein Interesse bestand ursprünglich sowohl darin, eine Art moderner Leinwand-Ikone zu sein als auch darin, seinen Filmrollen eine diffizile Charakteristik einzuhauchen. Das kann sich jedoch nur ein Star erlauben, der bereits todsicher etabliert ist. Die Crux war, daß das bei Richard Gere nicht der Fall war – wie sein Abstieg in der zweiten Hälfte der 80er Jahre zeigte.
»In der Glut des Südens«, das ein Jahr vor »Mr. Goodbar« realisiert, aber erst danach herausgebracht wurde, hatte er eher vom Rand her gespielt und den Hauptdarstellern Linda Manz, Sam Shepard und Brooke Adams den Glanz überlassen. Photogen wie er war, konnte er sich das in diesem Film leisten. Sein Auftreten genügte, um eine Stimmung von Unsicherheit und Besonderheit in Terrence Malicks Film – der übrigens eine konfuse Dramaturgie hat – zu bringen.
In »Heißes Blut« spielte Gere lebendiger, die Rolle ermöglichte ihm, den glamourösen Einstellungen zu entkommen, die man für ihn vorgesehen hatte. Er wollte die Zuneigung des Publikums nicht über statuarische Tricks, sondern über die sympathische – d.h. anti-glamouröse – Zeichnung seiner Rolle erreichen.

Der folgende Film »Yanks« steckte ihn ebenfalls wieder in eine proletarische Außenseiter-Rolle, die er als Schauspieler, weniger als Glamour-Star bewältigte.
Trägheit und Erotik als eine besonders durchdringende Haltung – und damit Sex-Appeal, auf den Punkt gebracht – lieferte er als »American Gigolo«. Dieser Film machte endgültig eine Ikone aus ihm. Wer hätte besser als Gere die Unverschämtheit eines Erotikers darstellen können, der in beinahe schläfriger Aufdringlichkeit und Unschuld zugleich seinen Körper präsentiert? Diese selbstzufriedene, saubere, glatte Passivität eines Mannes, der seine Verführungskraft kennt und nicht hektisch aktivieren muß, das konnte nur Richard Gere spielen.
Da Gere zudem in seinem großen Theater-Erfolg »Bent« auch durch eine überzeugende Sex-Szene im zweiten Akt aufgefallen war, hatten ihn die Image-Macher da, wo sie ihn haben wollten. Nicht ohne sein eigenes Zutun natürlich, prägten sie dem Star den Stempel des Sex-Idols auf. Dabei blieb es, und in dieser Falle fing sich der Star in der zweiten Hälfte der 80er Jahre.
Was Richard Gere selbst nicht genug beachtete, war wohl folgende Tatsache: Ein Darsteller, der so überzeugend und selbstsicher Narzißmus ausstrahlt, muß auf die Dauer darauf achten, genügend Ironie und Humor ins Spiel zu bringen. Es muß nicht immer Komödie sein, die dazu verhilft – Gere hat immer seine Interessenlosigkeit gegenüber Komödien bekundet – manchmal

genügt eine gewisse Selbstironie oder die bloße Bereitschaft dazu. Denn für das Publikum scheint es letztendlich anstrengend gewesen zu sein, den Star mit der festgefahrenen Aura eines Fauns zu lieben – abgesehen von den ganz hartnäckigen Fans, die eine Veränderung überhaupt nicht wollen.

Im Jahr 1990 revidierte Gere jedoch seinen Standpunkt. Er entschloß sich, in einer unkonventionellen Liebesromanze aufzutreten, die als romantisches, modernes Märchen daherkommt und viel Humor enthält. Das wäre noch fünf Jahre zuvor gar nicht für ihn in Frage gekommen.

Er selbst äußerte sich allerdings folgendermaßen: »Ich habe diesen Film angenommen, um meine grauen Gehirnzellen zu retten. Durch diesen Film, eine romantische, ja, fast ›Screwball‹-mäßige Komödie, ist es mir gelungen, die Figur des Dennis Peck aus ›Internal Affairs‹ wieder abzuschütteln. Im Theater hatte ich schon Komödien gespielt, aber nie etwas so Romantisches.«

Vielleicht hauchten ihm auch seine Image-Berater ein, die Rolle des Oldtimer-Yuppies in »Pretty Woman« zu übernehmen, denn die erotische Aura ist in Beziehungsfilmen der 90er Jahre offenbar nur eine Seite eines erfolgreichen Films. Humor, Sensibilität, Individualität, unkonventionelle Haltung, Toleranz und Witz müssen mit dabei sein. Außerdem war die Abkehr vom Macho zu melden. Die Frauen reagierten nicht mehr wie in den 80er Jahren.

Letztlich wird für die Rollenwahl auch ausschlaggebend gewesen sein, daß Richard Geres neue Freundin Cindy Crawford eine Julia-Roberts-Gestalt war. Gere erlebte also mit der erheblich jüngeren Frau außerhalb der Leinwand etwas Ähnliches wie der Edward Lewis im Film.

Ein weiterer Grund für die Zusage, »Pretty Woman« zu übernehmen, war dem Vernehmen nach auch Julia Roberts selbst, der Co-Star, vor der Gere »großen Respekt« hat. Die beiden kommen großartig miteinander aus und improvisierten vor der Kamera, daß die Funken flogen. Gere: »Es ist der Film von Julia Roberts. Sie kommt rüber wie eine exotische Blume!«

Allerdings bestand Gere darauf, die Figur des Edward Lewis entscheidend verändern zu dürfen. »Edward hatte ursprünglich null Persönlichkeit«, konstatierte der Star, »er war nur hingerissener Bewunderer von Vivian. Ein bißchen mehr Profil mußte ich ihm schon mitgeben.«

Zum Glück, denn erst damit wurde ein typischer Gere-Charakter aus diesem Mr. Lewis: männlich, zuverlässig, vertrauenerweckend – und trotz aller Coolness noch sinnlich dazu.

Regisseur Garry Marshall, ein Bruder der »Big«-Regisseurin Penny Marshall, war als einer der Könige der Seifenoper der geeignete Mann, um dieses moderne Märchen aus Hollywood zu verfilmen. Als Regisseur des Tränenfilms »Freundinnen« hatte er seinen großen Durchbruch vom Fernsehen zum Kinofilm erlebt, und da er sich selbst nicht ganz bierernst nahm, gelang es

ihm, den nötigen Humor in die Aschenputtel-Story zu bringen.
Mit »Pretty Woman« etablierte sich Richard Gere wieder als das, was er definitiv ist – als einer der großen Liebhaber der 90er Jahre. So stattlich wie er ist keiner, und daß er das Prachtweib Julia Roberts bekommt, ist deshalb nur recht und billig.

Als Edward Lewis in »Pretty Woman«

Grau in Grau – im grauen Luxusauto, mit grauem Haar, grauem Anzug und grauem Weltbild – sehen wir Richard Gere alias Mr. Lewis noch während des Vorspanns. Und auf dem Hollywood-Boulevard kommt es gleich darauf zu einem schicksalhaften Zusammenstoß mit einer Bordsteinschwalbe namens Vivian. Ein Hollywood-Märchen beginnt.

Dieser Edward ist durch und durch smart. Sein Aussehen, seine Stimme, sein Stil, sein Geschmack – alles smart. Die Welt, mit der er jetzt zusammenprallt, ist das genaue Gegenteil. Doch smart, wie er ist, steckt er das schnell weg, als reicher Mann und Manager kennt er keine privaten Gefühle, sondern nur Geschäftsbeziehungen. Er fühlt nicht, er rechnet. Jedenfalls bislang, aber jetzt kommt ihm doch ein seltsames Gefühl in die Quere.

Das wird ausgelöst durch eine Frau, die das Heft in die Hand nimmt. Die ihm zeigt, wo Beverly Hills liegt, die ihm zeigt, wie man ein schnelles Auto fährt, und erklärt, was sich auf der Straße tut. Denn Edward ist zwar

smart, aber weltfremd. Gewisse Dinge tut er nicht selbst, er läßt sie ausführen, und eine Frau, die so gut Auto fährt, hat er noch nicht erlebt.
Richard Gere spielt diesen Mann mit äußerster Zurückhaltung. So kommt es, daß seine Partnerin Julia Roberts schnell im Zentrum des Interesses steht. Gere ist zu cool, um sich aufzuspielen. Er genießt im Gegenteil sichtbar die Chance, Understatement zu betreiben.
Er setzt sich in seinem Penthouse hoch über Los Angeles an den antiken Schreibtisch, liest die Börsenkurse und rührt sich kaum, während Julia Roberts als Vivian die Wohnung bewundernd durchstreift. Er schlägt die Beine übereinander, legt die Hände aneinander und beobachtet. Mehr hat er nicht nötig.
Sicher bewundert er die nackten Schenkel der Frau, die er mit zu sich nach oben nahm, aber er bewahrt Haltung. Er zieht sich die Weste glatt. Er spricht leise. Gekonnt gießt er Champagner ein. Noch immer ganz Geschäftsmann, läßt er sich verführen, und am Morgen danach tritt er wieder gepflegt und entspannt in die Arena um den höchsten Profit.
Seine beste Waffe ist sein unnahbares Auftreten, gepaart mit dem Aussehen eines britischen Landlords – Sir Edward aus L. A. Er ist ein Finanzhai, der durch Sympathie beeindruckt, aber er ist eiskalt. Kein Mensch würde glauben, daß sich dieser Mr. Lewis mit einer Hure beschäftigt. Doch diese Überraschungen, für die er gut ist, nutzen ihm bei seinen Konkurrenten. Er kann es sich offenbar erlauben, unkonventionell zu sein.

Da sitzen sie, die smarten Manager in ihrer Büroetage – bestens gekleidet, sonnengebräunt, leeres Gesicht, glattes Design, prima Outfit – und beschließen, Existenzen zu ruinieren, indem sie wahllos aufkaufen, was sich bewegt und in Schwierigkeiten ist. Mittendrin Edward, der seriöse Ausnahme-Manager mit dem stilvollen Gefühlshaushalt. Ein Manager für gewisse Stunden und Situationen. Ein Mann in Grau, ein Mann im Hintergrund. Völlig entspannt im Hier und Jetzt.
Wie er so durch die Sequenzen geht, ist sein kleiner schwarzer Aktenkoffer noch das Ausdrucksvollste an ihm. Edward ist die Beherrschung persönlich. Er hat sich in der Gewalt, denn um ihn herum lauern die kleinen Fehler und Fallen, die Millionen Dollar Schulden bringen können. Wie es in ihm brodelt, sieht man ihm nicht an. Aber da ist etwas – er hat Vivian kennengelernt.
Sie ist zwar eine Bordsteinschwalbe, aber nach Aussehen und charakterlicher Veranlagung – das bemerkt der gebildete Herr mit dem feinen Geschmack sofort – eine Perle. Vielleicht läßt sich da noch etwas veredeln.
Edward Lewis benimmt sich in Geschäftsdingen wie ein Gangster. Eine Existenz zu ruinieren, ist für ihn kein Problem. Unter der Maske des seriösen Erfolgreichen geht er unbewegt durch Krisen und Katastrophen und hilft manchmal ein bißchen nach, den Fall eines Mannes in Not zu beschleunigen. Wenn einer tritt, ist er es. Dieser Mann ist also ein vom gesellschaftlichen System gefördertes, ganz normales Monster. Und gleichzeitig

ein Idealbild für Lifestyle-Magazine. Richard Gere entspricht dieser Rolle, als sei sie für ihn erfunden.
Und er hat sogar noch ein paar Extras auf Lager. Er spielt Klavier, und wenn er Vivian anschließend auf dem schwarzen Flügel liebt, ist er von ausgesuchter Dezenz und Leidenschaft zugleich. Ein Supermann, der nach dem Liebesakt seine Kreditkarte zückt und seine Geliebte mit der freien Verfügungsgewalt über seine Konten bezahlt.
Edward Lewis hantiert mit Konten, Dollars, Kreditkarten. Mit drahtlosen Telefonen, mit Top-Secret-Akten, mit Mitarbeitern. Er kommuniziert perfekt. Er macht Geld. Immer korrekt, häuft er ein Vermögen an, aber langsam wächst seine Unzufriedenheit mit dieser Art Leben.
Auf dem Höhepunkt seiner Unzufriedenheit nimmt er einen Tag Urlaub und liest seiner Freundin aus einem Buch vor. Er zieht sich im Stadtpark die Schuhe aus, schläft ein wie ein Kind. Dieser Mann ist noch zu retten. Pretty Woman macht es möglich.
Insgesamt jedoch steht er nach wie vor da wie das Standbild eines Finanzhais. Die Geschäfte gehen weiter. Business as usual. Am Morgen nach den langen Nächten mit Vivian zieht er sich den schwarzen Zweireiher an und geht hinaus ins dollargefütterte Leben.
Richard Gere tut weiterhin nur das Nötigste. Er unterscheidet sich in dieser Komödie der klassenspezifischen Körpersprache und Gestik von der proletarischen Vivian durch seine aristokratische Haltung. Er verzieht

kaum eine Miene, geht wie auf Schienen geradeaus. Die perfekte Fassade. Ein Oscar für Schauspielkunst ist mit dieser reduzierten Darstellung natürlich nicht zu gewinnen, aber das scheint diesem Darsteller, dem Hollywood nicht imponiert, ohnehin egal zu sein.
Aber noch ist die Story nicht zu Ende. Plötzlich sind da Gefühlsausbrüche. Edward Lewis schmeißt seinen Anwalt hinaus, weil er Vivian beleidigt hat. Er verprügelt ihn sogar und spaziert erneut barfuß durch den Stadtpark. Er sagt seiner Freundin, daß er sie liebt. Er tritt trotz seiner Höhenangst auf den Balkon hinaus und bewundert den Sonnenuntergang.
Kein Wunder, daß der Film von Garry Marshall schnurstracks auf ein perfektes Märchen zusteuert und damit auf ein Happy End. Wir sind in Hollywood, wo alle Träume wahr werden. Traumpaar inklusive.

Die Neunziger Jahre

Der Erfolg mit »Pretty Woman« machte Richard Gere nicht übermütig und verführte ihn auch nicht dazu, seine Vorsicht gegenüber den Medien aufzugeben. Nach wie vor verweigerte er sich dem öffentlichen Rummel – in Erinnerung seiner schweren Krise in der zweiten Hälfte der 80er Jahre.

»Dieser Hundesohn ist schwieriger als Greta Garbo!« stöhnte neulich ein amerikanischer Journalist, der endlos um ein Interview bettelte. Die Parallele war nicht einmal falsch, denn auch »Die Göttliche« ist von der Journaille »zu Tode fotografiert« worden und zeigte den Medien lieber ihre Kehr- als ihre Vorderseite.

Die Klatschpresse verachtete die Garbo ganz besonders, ebenso wie Richard Gere, denn deren Interesse ist allzu einseitig. Nach dem Motto: »Sie trennen sich, nein, sie heiraten zu Weihnachten; sie haben sich geschlagen, sie bleiben für immer zusammen!«

Seine Freundin Cindy Crawford, eine Bauerntochter aus dem Mittelwesten, teilt, dem Vernehmen nach, Richards Liebe zum Privaten. Das Paar ist zwar ganz nach dem begehrlichen Geschmack Hollywoods – teuer, schön, intelligent –, aber man bekommt es kaum zu sehen.

Auch Cindy Crawford soll zum Buddhismus übergetreten sein, nachdem Richard ihr dessen Vorzüge schilderte. Vielleicht ist der Buddha-Trip für Glamour-Stars, die derart in der Öffentlichkeit stehen, genau die richtige Seelen-Diät. Buddhismus, die neue Droge Hollywoods für die 90er Jahre?

Für Richard Gere würde Cindy Crawford ihre Karriere sogar an den Nagel hängen. Das schönste Modell der Welt, mit dem attraktiven Muttermal über der Oberlippe, will heiraten und ein Baby von ihrem Pretty Man, vielleicht auch zwei. Und ausziehen will sie sich vor einer Kamera auch nicht mehr. Was für ein Verlust für die gierigen Leser und Seher – und was für ein Gewinn für Gere!

Richard und Cindy Crawford leben in ihrer Villa in den Bergen von Beverly Hills oder in Geres Landhaus in Connecticut. Wenn sie kulturelle Interessen zu befriedigen haben, auch in der mit erlesenen Antiquitäten vollgestellten Fünf-Zimmer-Wohnung in Manhattan. Wenn schon Luxus – Edward Lewis läßt grüßen – dann richtig!

Richard Gere glaubt an die Sieben-Jahres-Zyklen seines Lebens. Nachdem er sich 1988 von seiner Freundin Sylvia Martins trennte, die sieben Jahre lang an seiner Seite war, begann ein neuer Zyklus. Ein Zyklus des Erfolges, wie es scheint.

Der Star hat viele Pläne, auf und außerhalb der Leinwand. Noch immer denkt er an die Produktion des Films »Bent«, nach dem Stück von Martin Sherman, mit dem er am Broadway Triumphe feierte. Damals hoffte er auf eine Verfilmung durch den deutschen Regisseur Rainer Fassbinder, den er bewunderte. Daraus wurde leider nichts, aber jetzt stehen die Chancen für das Projekt günstig.
Außerdem bemüht sich Gere, mit dem Politthriller »Imagining Argentina«, der zur Zeit der faschistischen Diktatur des südamerikanischen Staates spielt, seine politischen Standpunkte ausdrücken zu können. Er produziert den Film und spielt darin.
Ein weiteres interessantes Projekt für 1991/92 ist die Verfilmung von »Final Analysis«. Es handelt sich dabei um die Story eines Psychiaters, der sich in eine Patientin verliebt, die ihren Mann ermordet haben soll. Partnerin wird Kim Basinger sein, die schon in »Gnadenlos« mit ihm vor der Kamera stand.
In politischer Hinsicht sieht Gere für die 90er Jahre viel Bewegung. Vor allem in den USA.
»Das amerikanische Volk wird zum Beispiel die Habsucht neu beurteilen, die unter Reagan in unserem Land um sich gegriffen hat«, sagt er kritisch. »Habsucht ist ein krankhaftes Gefühl, wenn man ihm freien Lauf läßt. Das dürfen wir nicht wieder geschehen lassen.«
Für einen politisch Interessierten wie Richard Gere wird es also Arbeit geben. Und für den Filmstar ebenfalls.

Denn der Mann, der 1983, nach seinem Erfolgsfilm »Ein Offizier und Gentleman«, zum schönsten Mann der Welt gewählt worden war, ist längst nicht mehr der »Mann für ungewisse Stunden«, zu dem er nach seinem Karriereknick in der zweiten Hälfte der 80er Jahre wurde.
Er ist wieder der »Traummann« mit dem gewissen Blick, der »Good Bad Boy« mit sinnlicher Grundhaltung, der Superstar und Gentleman, jenseits billiger Virilität oder haariger Macho-Allüren, mit denen andere Hollywood-Männer klotzen. Elegant ergraut – schuld daran ist, wie er selbst ausführt, seine Broadway-Darstellung des schwulen KZ-Häftlings in »Bent«, sowie seine »midlife-crisis« um 1985 –, ein paar Falten um die leicht kurzsichtigen Augen: Der neue Gere.
Romantik, Geheimnis, Glamour umgibt diesen Star, der lange Zeit Skrupel hatte, zu schnell aufzusteigen und sich festschreiben zu lassen. Diese Angst braucht er heute nicht mehr zu haben. Also kann er vielleicht auch wieder die Rollen spielen, die ihn berühmt machten. Rollen, die von Verführung, Erlösung und der Suche nach Liebe handeln. Von der Schönheit und der Schwierigkeit erotischer Beziehungen – vom Gere-Touch.
Auf diese zentralen Themen und Motive steuert Richard Gere in seinen Filmen immer direkt zu, Umwege über die Handlung waren da nur notwendiges Übel. Für solche zeitgemäßen, aussagestarken und identifikationsträchtigen Rollen ist heute kein Hollywood-Star

kompetenter. Richard Geres letzten beiden Filme »Internal Affairs« und »Pretty Woman« knüpften daran nahtlos an.
Auf ein Neues also, Mr. Gere!

Die Filme

Strike Force

USA 1974. R: Barry Shear. B: Roger Hirson, nach einer Story von Sonny Grosso. M: John Murtaugh. K: Jack Priestley. P: Philip D'Antoni, Barry Weitz.

Darsteller: Cliff Gorman (Joe Dentry), Donald Blakely (Ripley), Richard Gere (Walter Spencer), Ed Grover, Joe Spinell, Marilyn Chris, Carl Don, Arnold Soboloff, Alan Rich, Billy Longo.

Richard Gere als New-York-State-Polizist Walter Spencer. Er wird einer Spezialabteilung aus Bundespolizei und Stadtpolizei, der »Strike Force«, zugeordnet, die besonders schwere und heikle Fälle aufzuklären hat.
Mit zwei Kollegen ermittelt Spencer in einem Mordfall, der auf den Müllhalden von New York seinen Anfang und sein Ende nimmt. Als aus der Asservatenkammer der Polizei Heroin verschwindet, wird aus dem Fall auch noch ein Drogenproblem. Im Zuge der Ermittlun-

gen machen der für technische Überwachung zuständige Spencer und seine Kollegen einen Mafia-Ring unschädlich.

Der einsame Job/Report to the Commissioner/Operation Undercover

USA 1974. R: Milton Katselas. B: Abby Mann, Ernest Tidyman, nach dem Roman von James Mills. K: Mario Tosi. M: Elmer Bernstein.

Darsteller: Michael Moriarty, Yaphet Kotto, Susan Blakely, Hector Elizondo, Tony King, Richard Gere.

In einem Krimi um einen jungen Detektiv in New York, der sich im Filz des Verbrechens zu bewähren sucht, spielt Gere eine Statistenrolle.

In der Glut des Südens/Days of Heaven

USA 1977. R: Terrence Malick. B: Malick. K: Nestor Almendros. M: Ennio Morricone.

Darsteller: Brooke Adams, Sam Shepard, Linda Manz, Richard Gere, Robert Wilke.

In einem wunderschön fotografierten Film aus dem Leben texanischer Wanderarbeiter, der sich nach einigen Umwegen zum Krimi und zum Liebesmelodram entwickelt, spielt Gere seine erste bedeutende Nebenrolle. Der Film kam erst nach »Auf der Suche nach Mr. Goodbar« in den Verleih.

Auf der Suche nach Mr. Goodbar/Looking for Mr. Goodbar

USA 1977. R: Richard Brooks. B: Brooks. K: William A. Fraker. M: Artie Kane.

Darsteller: Diane Keaton, Tuesday Weld, Richard Gere, William Atherton, Richard Kiley.

In einem aufklärerischen Liebesthriller um eine junge konservativ erzogene Frau, die sich in der Großstadt emanzipieren will, spielt Richard Gere ihren egozentrischen, brutalen Lover. Eine bedeutende Nebenrolle.

Heißes Blut/Bloodbrothers

USA 1978: R: Robert Mulligan. B: Walter Newman, nach einer Story von Richard Price. K: Robert Surtees. M: Elmer Bernstein. Schn: Sheldon Kahn. P: Stephen Friedman für Warner Brothers.

Darsteller: Toni Lo Bianco (Tommy de Coco), Richard Gere (Stony de Coco), Paul Sorvino (Chubby de Coco), Lelia Goldoni (Marie), Marilu Henner (Annette),

Yvonne Wilder (Phyllis), Kenneth McMillan (Banion), Floyd Levine (Dr. Harris), Michael Hershewe (Albert), Kristine DeBell (Cheri).

Richard Gere als 19jähriger italienischer Bauarbeitersohn Stony. Er wohnt mit seinen Eltern und dem kleinen Bruder Albert in einer Mietwohnung in der New Yorker Bronx. Sein Vater, ein italienischer Macho von Schrot und Korn, der seine Frau betrügt, der prügelt, säuft, frißt und prahlt – es aber nach eigenem Verständnis immer gut mit allen meint – will, daß Stony auf dem Bau arbeitet. Doch Stony findet in Gesprächen mit Annette, einer emanzipierten Kellnerin, heraus, daß er eigentlich mit Kindern arbeiten will. Hin und her gerissen zwischen allen, die von ihm eine klare Haltung wollen, wählt Stony am Ende die Flucht aus dem Elternhaus, um sich zu finden. Seinen kleinen Bruder Albert nimmt er mit.

Yanks – Gestern waren wir noch Fremde / Yanks

Großbritannien 1979. R: John Schlesinger. B: Colin Welland, Walter Bernstein. K: Dick Bush. M: Richard Rodney Bennett. Schn: Jim Clark. P: Joseph Janni, Lester Persky.

Darsteller: Richard Gere (Matt), Lisa Eichhorn (Jean), Vanessa Redgrave (Helen), William Devane (John), Rachel Roberts (Jeans Mutter), Tony Melody (Jeans Vater), Derek Thompson (Ken).

Richard Gere als GI Matt in Südengland. Es ist das Jahr 1942, die Nordamerikaner bereiten sich mit ihren Alliierten auf die Invasion des faschistischen Deutschland vor. Matt lernt die Kaufmannstochter Jean kennen, die jedoch an einen englischen Soldaten gebunden ist. Erst als dieser im Krieg stirbt, wird der Weg für die beiden frei, trotz der Widersprüche in ihnen selbst.

Ein Mann für gewisse Stunden / American Gigolo

USA 1979. R: Paul Schrader. B: Paul Schrader. K: John Bailey. M: Giorgio Moroder. Schn: Richard Halsey. P: Freddie Fields.

Darsteller: Richard Gere (Julian Kaye), Lauren Hutton (Michelle), Hector Elizondo (Sgt. Sunday), Nina van Pallanot (Anne), Bill Duke (Leon), Brian Davis (Charles Stratton), Patti Carr (Judy), David Cryer (Curtis).

Richard Gere als Callboy Julian Kaye. Er arbeitet in Los Angeles in den besten Kreisen. Eines Tages beginnt er eine bezahlte Beziehung mit Michelle, der Frau des Senators Stratton. Und plötzlich ist er in einen Mordfall verwickelt, mit dem er nichts zu tun hat. Die Polizei beschattet ihn.
Julian macht die Erfahrung, daß ihn alle fallenlassen. Sein Auftraggeber Leon hat ihn kaltschnäuzig in diese Bredouille gebracht, weil ein anderer – der

eifersüchtige Senator? – ihn besser bezahlt als Julian, dem seine eigene Unschuld einiges wert ist.
Er landet im Knast, doch Michelle besorgt ihm nach längerem Zögern ein Alibi, und Julian ist wieder frei.

Atemlos/Breathless

USA 1982. R: Jim McBride. B: L.M. Kit Carson, Jim McBride, nach der Story von François Truffaut und dem Drehbuch von Jean-Luc Godard. K: Richard H. Kline. M: Jack Nitzsche und Rock-Interpreten. Schn: Robert Estrin. P: Martin Erlichman.

Darsteller: Richard Gere (Jesse), Valérie Kaprisky (Monica), William Tepper (Paul), John P. Ryan (Lt. Parmentel), Art Metrano (Birnbaum), Robert Dunn (Sgt. Enright), Garry Goodrow (Berrutti), James Hong (Grocer).

Richard Gere als Jesse. Er lebt vom Autodiebstahl und ist auf dem Weg von Las Vegas nach Los Angeles. Dort will er seine flüchtige Liebschaft Monica treffen, die Architektur studiert. Eher zufällig erschießt Jesse, der für die Rock'n'Roll-Musik seines Idols Jerry Lee Lewis schwärmt, einen Verkehrspolizisten.
In L.A. trifft und liebt er die sich anfänglich sträubende Monica, mit der er die Flucht nach Mexiko vorbereitet. Doch weil er auf Geld warten muß, kommt die Polizei auf seine Spur. Monica, die im Grunde Angst vor ihm hat, weil er ihre bürgerliche Karriere bedroht, verrät ihn

an die Polizei. Jesse, der nicht mehr fliehen will, wird erschossen.

Ein Offizier und Gentleman/An Officer and Gentleman

USA 1982. R: Taylor Hackford. B: Douglas D. Stewart. K: Donald Thorin. Schn: Peter Zinner. M: Jack Nitzsche. P: Martin Elfand für Paramount.

Darsteller: Richard Gere (Zack Mayo), Debra Winger (Paula Pokrifki), David Keith (Sid Worley), Robert Loggia (Byron Mayo), Lisa Blount (Lynette), Lisa Elibacher (Casey Seeger), Louis Gossett Jr. (Sgt. Emil Foley), Tony Plana (Della Serra), Harold Sylvester (Perryman), David Caruso (Topper), Victor French (Joe Pokrifki), Tommy Peterson (Zack als Junge).

Richard Gere als Zack Mayo, der erst elternlos, dann zusammen mit seinem versoffenen, aber soldatischen Vater in einem philippinischen Hurenhaus aufwächst. Er tritt einer Marineschule bei und läßt sich zum Jet-Piloten ausbilden. Über alle Widerstände seines egoistischen Charakters hinweg lernt er unter der Fuchtel der Armee-Ausbilder, Verantwortung für sich und für andere zu übernehmen. Als ausgebildeter Leutnant verläßt er das Camp.

Der Honorarkonsul/The Honorary Consul/Beyond The Limit

USA 1983. R: John Mackenzie. B: Christopher Hampton, nach einem Roman von Graham Greene. K: Phil Meheux. M: Paul McCartney. P: Norma Heyman für Film Writers Co.

Darsteller: Richard Gere (Dr. Plarr), Michael Caine (Charley Fortnum), Bob Hoskins (Colonel Perez), Elpidia Carrillo (Clara), Joaquim de Almeida (Leon), A. Martinez (Aquino).

Richard Gere als Arzt Edoardo Plarr, halb englischer und halb paraguyanischer Abstammung. Während der Zeit der Armee-Diktatur fahndet er in einer argentinischen Stadt nach seinem verschwundenen Vater. Dabei trifft er den dortigen englischen Honorarkonsul, dessen Frau – eine Ex-Hure – er begehrt.
Plarrs ehemalige Guerilla-Freunde aus Paraguay entführen aus Versehen diesen Honorarkonsul, um inhaftierte Kombattanten aus dem Gefängnis freizupressen. Plarr wird in die politische Intrige wider Willen hineingezogen. Die Entführung endet blutig, und Plarr, der eigentlich von Politik nichts wissen und nur die Ex-Hure Clara lieben wollte, wird mit den Guerilleros erschossen.

Cotton Club/The Cotton Club

USA 1984. R: Francis Coppola. B: William Kennedy, Francis Coppola, Mario Puzo. K: Stephen Goldblatt. M: John Barry. Schn: Barry Malkin, Robert Q. Lovett. P: Robert Evans für Zoetrope Studios.

Darsteller: Richard Gere (Dixie Dwyer), Diane Lane (Vera Cicero), Gregory Hines (Sandman Williams), Lonette McKee (Ula), Bob Hoskins (Owney Madden), James Remar (Dutch Shultz), Nicolas Cage (Vincent Dwyer), Allen Garfield (Abbadabba), Lisa Jane Persky (Frances), Julian Beck (Sol), Larry Fishburne (Bumpy), Tom Waits (Irving Stark), Jennifer Grey (Patsy Dwyer), Joe Dallesandro (Lucky Luciano), Woody Strode (Holmes).

Richard Gere als Trompeter Dixie Dwyer. Er tritt im Cotton Club in Harlem auf, zu Ende der 20er Jahre. Als der Gangster Dutch Shultz ein Auge auf ihn wirft und ihn zu seinem »Mädchen für alles« macht, steigt er auf, bald aber – angewidert von seinem gewalttätigen Boß – wieder aus. Er findet in Owney Madden, dem »Mr. Broadway«, einen neuen Beschützer, macht auf Empfehlung von Gloria Swanson Hollywood-Karriere und verknallt sich zunehmend in das »Privateigentum« von Shultz, die aparte Vera.
Dwyers Auftritte im »Cotton Club« werden rarer, aber sein Charme und seine Berühmtheit wachsen. Wider Erwarten gibt es am Ende – nachdem der Gangster

Shultz einer Fehde zum Opfer fiel – ein Happy End zwischen Dwyer und Vera Cicero.

König David/King David

USA 1984. R: Bruce Beresford. B: Andrew Birkin, James Costigan. K: Donald McAlpine. M: Carl Davis. Schn: William Anderson. Kostüme: John Mollo. Ausstattung: Ken Adam. P: Martin Elfand für Paramount.

Darsteller: Richard Gere (David), Edward Woodward (Saul), Alice Krige (Bathseba), Denis Quilley (Samuel), Niall Buggy (Samuel), Cherie Lunghi (Michal), Hurd Hatfield (Ahimelech), Jack Klaff (Jonathan), John Castle (Abner), Tim Woodward (Joab), David De Keyser (Ahitophel), Ian Sears (David als Junge), Simon Dutton (Eliab), Jason Carter (Salomon).

Richard Gere als David, der 1000 Jahre vor Christus in Israel lebte. Aus dieser alttestamentarischen Story erzählt der Film einige Motive, Abenteuer und Anekdoten. David, der Schafhirte und Harfenspieler, wird auserwählt, einst König zu werden. An der Seite seines Königs Saul entwickelt er sich noch in jungen Jahren zu einem siegreichen Krieger. Er schlägt Goliath, den Riesen, mit einer Steinschleuder und alle anderen Feinde ebenfalls. Nachdem er König von Israel geworden ist, baut er seinem Gott einen protzigen Tempel für die Bundeslade, und die Propheten rügen ihn wegen seiner Selbstsucht und seiner emotionalen Labilität. Er findet, nicht zuletzt dank seines Weibes Bathseba, zum Wort des Herrn zurück, regiert noch 40 Jahre mit Weisheit und gibt dann die Macht an seinen jüngsten Sohn Salomo ab.

Power – Der Weg zur Macht/Power

USA 1986. R: Sidney Lumet. B: David Himmelstein. K: Andrzej Bartkowiak. M: Cy Coleman. Schn: Andrew Mondshein. P: Reene Schisgal, Mark Tarlov für Polar/Lorimar.

Darsteller: Richard Gere (Pete St. John), Julie Christie (Ellen Freeman), Gene Hackman (Wilfred Buckley), Kate Capshaw (Sydney Betterman), Denzel Washington (Arnold Billing), E. G. Marshall (Senator Sam Hastings), Beatrice Straight (Claire Hastings), Fritz Weaver (Wallace Furman), Michael Learned (Andrea Stannard).

Richard Gere als Wahlkampfmanager Pete St. John. Seine Erfolgsquote beträgt 84 %, die teuersten Kandidaten zählen zu seinen Kunden, doch eines Tages setzt er auf das falsche Pferd. Er will einen Kandidaten zum Senator von Ohio machen, der von ausländischen Ölmagnaten bezahlt wird. Als er davon erfährt und selbst unter Druck gesetzt wird, steigt er aus. Zum ersten Mal in seiner Karriere beginnt er, seinen Job und die Manipulation der Medien in Frage zu stellen. Er entdeckt seinen Drang zur Wahrheit wieder und findet damit auch zurück zu seiner Ex-Ehefrau.

Gnadenlos / No Mercy

USA 1986. R: Richard Pearce. B: Jim Carabatsos. K: Michel Brault. M: Alan Silvestri. Schn: Jerry Greenberg, Bill Yahraus. P: D. Constantine Conte.

Darsteller: Richard Gere (Eddie Jillette), Kim Basinger (Michelle Duval), Jeroen Krabbé (Losado), George Dzundza (Captain Stemkowski), Gary Basaraba (Joe Collins), William Atherton (Deveneux), Bruce McGill (Lt. Hall), Marita Geraghty (Alice Collins), Aletá Mitchell (Cara).

Richard Gere als Chicagoer Bulle. Eigentlich nach Drogen fahndend, kommt er einem Mord auf Bestellung auf die Spur und recherchiert mit seinem Kollegen Joe in New Orleans weiter. Als Joe von dem mächtigen Gangster Losado ermordet wird, macht Gere alias Jillette allein weiter. Er schafft es, Losados »Eigentum«, die Analphabetin Michelle, gespielt von Kim Basinger, aus der Höhle des Löwen herauszuholen und mit ihr in die Sümpfe von Louisiana zu fliehen. In einem blutigen, gewalttätigen Showdown erwartet Jillette Losado und tötet ihn und seine Killer. Die bisherige Leibeigene Michelle bleibt bei Jillette.

Miles from Home/Miles from Home

USA 1987. R: Gary Sinise. B: Chris Gerolmo. K: Elliot Davis.

Darsteller: Richard Gere, Kevin Anderson, Laurie Metcalf, Brian Dennehy, Terry Kinney.

Sozialkrimi um zwei Brüder, die auf Druck der Banken Grund und Boden verlieren und aus Protest zu »Outlaws« werden. Richard Geres Wunschfilm am Ende der 80er Jahre, der jedoch nicht das hielt, was er in der ersten halbe Stunde verspricht.

Internal Affairs – Trau' ihm, er ist ein Cop

USA 1989. R: Michael Figgis. B: Henry Bean. K: John A. Alonzo. Schn: Robert Estrin. M: Michael Figgis, Anthony Marinelli, Brian Banks. P: Frank Mancuso jr..

Darsteller: Richard Gere (Dennis Peck), Andy Garcia (Raymond Avila), Nancy Travis (Kathleen Avila), Laurie Metcalf (Amy Wallace), Richard Bradford (Grieb), William Baldwin (Van Stretch), Michael Beach (Dorian).

Richard Gere als hochdekorierter Polizist Dennis Peck in Los Angeles. Aus privaten Schwierigkeiten und korrupter Energie spinnt er ein Netz von Intrigen, in das er am Ende selbst gerät. Ein Mann vom internen Untersuchungsausschuß der Polizei, gespielt von Andy Garcia, bringt den korrupten, aber faszinierenden Bullen schließlich zu Fall.

Pretty Woman / Pretty Woman

USA 1989. R: Garry Marshall. B: J. F. Lawton. K: Charles Minsky. Schn: Priscilla Nedd. M: James Newton Howard. P: Arnon Milchan, Steven Reuther.

Darsteller: Richard Gere (Edward Lewis), Julia Roberts (Vivian Ward), Ralph Bellamy (James Morse), Jason Alexander (Philip Stuckey), Laura San Giacomo (Kit De Luca), Alex Hyde-White (David Morse), Hector Elizondo (Hotel Manager).

Richard Gere als Edward Lewis, Finanzhai in Los Angeles. Eines Abends lernt er das Mädchen Vivian kennen, das als Bordsteinschwalbe seine harten Dollars verdient. Lewis engagiert sie zunächst als gesellschaftliche Begleitung, dann verknallt er sich in sie. Sie trennen sich und finden sich wieder. Am Ende überwindet er seine Höhenangst und »steigt zu ihr auf«, um sie nicht mehr zu verlassen.

Bildnachweis

Farbteil: Deutsches Institut für Filmkunde (III, V, VII, VIII); UIP (I, II, VI u.); Archiv (IV, VI o.)

Schwarz-weiß-Teil: CIP Filmproduktion GmbH (I, II o.); Deutsches Institut für Filmkunde (VII); fm-foto (III u., VI u,); Konrad (III o.); k-press (VIII); Scotia (VI o.)